陕西省公共服务信息指南系列

创业法律知识百问百答

主　编　杨喜涛
副主编　阎美珍
编　者　李志慧　宋　敏　邢　园　舒　丁

图书在版编目(CIP)数据

陕西省公共服务信息指南:创业法律知识百问百答/杨喜涛主编. —西安: 西安交通大学出版社,2017.1

ISBN 978-7-5605-9406-4

Ⅰ.①陕… Ⅱ.①杨… Ⅲ.①企业法-中国-问题解答

Ⅳ. ①D922.291.915

中国版本图书馆 CIP 数据核字(2017)第 026822 号

书　　名　创业法律知识百问百答
主　　编　杨喜涛
项目策划　薛　伟　张瑞娟
责任编辑　王晓芬

出版发行　西安交通大学出版社
　　　　　(西安市兴庆南路 10 号　邮政编码 710049)
网　　址　http://www.xjtupress.com
电　　话　(029)82668357　82667874(发行中心)
　　　　　(029)82668315(总编办)
传　　真　(029)82668280
印　　刷　西安明瑞印务有限公司

开　　本　880mm×1230mm　1/32　印张 6.5　字数 123 千字
版次印次　2017 年 8 月第 1 版　2017 年 8 月第 1 次印刷
书　　号　ISBN 978-7-5605-9406-4
定　　价　21.00 元

读者购书、书店添货、如发现印装质量问题,请与本社发行中心联系、调换。
订购热线:(029)82665248　(029)82665249
投稿热线:(029)82668284
读者信箱:475478288@qq.com

前言

PREFACE

在这个“大众创业 万众创新”的时代里，伴随着我国各项事业的快速发展和历史性变革，特别是国家出台的一系列鼓励创业的政策和措施，极大地激发了创业者的创业热情，新设企业如雨后春笋，数量上呈现出倍增的态势。同时，我们也处在“依法治国，建设社会主义法制国家”的历史进程中，如何在法律的指引下创业、如何防范和应对创业中的各类法律风险、如何在法律法规的保驾护航下使企业健康发展，成为许多创业者不得不思考和亟待解决的问题。

本书以创业者普遍需要的企业法律制度、合同法律制度和劳动法律制度为内容，通过问答的方式，努力把复杂的法律问题作简单化的表达，力争做到即通俗易懂又易于操作，能为创业者在法律知识的学习和运用上助一臂之力。

本书共分为三篇，分别是“企业篇”、“合同篇”和“用工篇”。第一篇“企业篇”主要讲明了与企业相关的法律制度，详细介绍了我国现有的不同企业类型及其特点，希望创业者们能够通过此篇准确定位适合自己的企业类型。本篇的内容还包含了设立不同类型企业的操作指引、股东之间的权利义务关系、公司日常运营中组织架构等常见问题。第二篇“合同篇”主要阐述了公司对外签订合同时应注意的问题。合同是企业的“战略之基、经营之本、利润之舟、风险之盾”，合同可以起到固化交易主体、确定交易模式以及界定权利义务等作用，对企业意义重大。第三篇“用工篇”对公司用工过程中的常见的劳动合同纠纷和用工问题进行了解答，贯穿了劳动合同的签订、履行、终止及法律责任等的全过程，对提高创业者合法用工的意识和防范初创企业劳动合同风险，有很强的指导意义。以上三篇，基本涵盖了创业过程中可能遇到的涉及企业法律制度、合同法律制度和劳动法律制度的热点问题。为了便于各位读者阅读，本书采用了问答的模式进行编写，内容简明扼要，加之参与本书编著的人员均是执业律师，他们将长期法律实践中积累的经验和体会也融入其中，以此，本书具有很强的针对性和实操性，非常适合有志于创业的创业者在创业之初学习和掌握一些必备的法律知识。

本书在编写过程中得到了陕西海普睿诚律师事务所和西安交通大学出版社的大力支持与帮助，在此，特别表示衷心的感谢！

本书由杨喜涛律师担任主编，第一篇“企业篇”由阎美珍律师编著；第二篇“合同篇”由宋敏律师编著；第三篇“用工篇”由李志慧律师编著。初稿经讨论修改后，由主编统稿。囿于学识和实践经验所限，书中难免存在错误与纰漏，恳请同行和广大读者不吝赐教，以期更正。

编　者

2017 年 6 月 19 日

目录
CONTENTS

企业篇

一 企业类型及特点

二 企业的设立

三 股东之间的关系

四 公司治理部分

合同篇

一　合同法总则

二 合同法分则

用工篇

一

企业篇

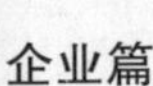

（一） 企业类型及特点

No.1 企业都有哪些类型？法人企业与非法人企业有哪些区别？

1. 企业的类型有：

（1）按照企业是否具有独立法人资格分为：法人性质的企业与非法人性质的企业。

法人性质的企业在我国特指公司制企业，包括有限责任公司、股份有限责任公司、一人有限责任公司；非法人性质的企业主要包括合伙企业、个人独资企业及企业的分支机构。

（2）按照企业所属行业性质的不同，可以分为工业企业、农业企业、房地产企业、金融企业、交通运输企业、邮电企业等。

（3）按照企业经济类型的不同，可分为国有企业、私营企业、外商投资企业等。

2. 法人企业与非法人企业的主要区别：

法人企业是依照法定程序成立并能独立地行使法定权利和承担法定义务的社会组织；非法人企业是可以自己的名义进行社会活动，但不能独立承担民事责任的组织。

两者的主要区别：法人企业可以独立承担责任，法人企业及其投资人均承担有限责任；而非法人企业不能独立承担责任，其投资人对公司债务承担无限责任。

No.2 公司制企业的主要特征有哪些？

1. 有限责任公司

有限责任公司是指由50个以下的股东出资设立，每个股东以其所认缴的出资额对公司承担有限责任，公司以其全部资产对其债务承担有限责任的经济组织。

有限责任公司的主要特征：

（1）企业及股东均承担有限责任

有限责任公司是企业法人，有独立的法人财产，享有法人财产权。公司以其全部财产对公司的债务承担责任。股东以其认缴的出资额为限对公司承担责任。

（2）股东人数有上限限制

《中华人民共和国公司法》（以下简称：《公司法》）规定，有限责任公司股东人数为50人以下。

（3）股东的出资非等额股份

有限责任公司的全部资产不必分为等额股份，股东只需按协议确定的出资比例出资，并以此比例享受权利、承担义务，但公司章程另有规定的除外。

（4）公司资本具有封闭性

有限责任公司只能在出资者范围内募集资金，不得向社会

公开招股集资。

2. 股份有限责任公司

股份有限责任公司是指由一定数量股东出资设立的，公司全部资本分为等额股份，股东以其认购的股份为限对公司承担责任，公司则以其全部资产对公司债务承担有限责任的经济组织。

股份有限责任公司的主要特征：

(1) 公司及股东均承担有限责任

股份有限责任公司是企业法人，有独立的法人财产，享有法人财产权。公司以其全部财产对公司的债务承担责任。股东仅以其认购的股份为限对公司承担责任。

(2) 股东人数没有上限限制

股份有限责任公司的发起人应当有二人以上二百人以下，而对股东人数没有上限要求；

(3) 公司资本分成等额的股份

股份有限责任公司的全部资本分为数额相等的股份，每一股份的金额与股份总数的乘积即为公司的资本总额。每个股东所持的股份数可以是不同的，但每股的金额必须相等。

(4) 股份可自由转让

股份有限责任公司的股票除了可以在一般交易场所转让交易外，还可以通过申请成为上市公司在证券交易所挂牌交易。

(5) 可以公开募集资本

《公司法》第七十七条　股份有限责任公司的设立，可以采取发起设立或者募集设立的方式。发起设立，是指由发起人认购公司应发行的全部股份而设立公司。募集设立，是指由发起人认购公司应发行股份的一部分，其余股份向社会公开募集或者向特定对象募集而设立公司。对股东的人数没有上限限制，资本极易流转，尤其是上市公司，极大地增强了公司的活力；对公司运作的透明度及监管，都提出较高的要求，可以有效保护投资人的合法权益。

（6）法人治理结构较为完善

3. 一人有限责任公司

一人有限责任公司是指只有一个自然人股东或者法人股东的有限责任公司。

一人有限责任公司具有以下特征：

（1）股东：一人有限责任公司的股东仅为一人，这里的“一人”可以是自然人、也可以是法人。

（2）资本：在一人有限责任公司中，由一名股东持有公司的全部股权。

（3）股东责任：在一人有限责任公司中，只要个人财产和公司财产清楚、明晰，股东仅以其出资额为限对公司债务承担有限责任。

No.3 如果想创业，如何选择企业类型？

比较适合投资创业的各类企业的优缺点：

1. 公司制企业的最大优点就是出资人承担有限责任，如果公司经营亏损，甚至破产，与个人财产无关。但是，公司制企业设立比较繁琐，用于出资的形式较少，成立后不得随意抽逃注册资本，各项管理也要求比较严格。

2. 合伙企业的设立比较简单，合伙人不仅可以用货币、实物、知识产权、土地使用权或者其他财产权利出资，也可以用劳务等出资。但是，合伙企业的缺点就是合伙人承担无限责任，且对外互相承担连带责任（但有限合伙人除外）。

3. 如果一个人投资，还可以选择一人有限责任公司、个人独资企业或者个体工商户（并非企业类型）。

一人有限责任公司，由一名股东持有公司的全部股权，出资人仅以其出资额对公司债务承担有限责任，必须个人财产和公司财产清楚、明晰，但公司法对其要求较严格。

个人独资企业设立简单，管理限制少。但是投资人需要承担无限责任。

个体工商户登记简单，没有严格的管理制约，但市场信誉较差，且须以个人财产承担无限责任。

投资者可根据各类企业的特点，共同创业的人数、资金等，选择适合自己的企业类型。

（二）企业的设立

No.4 设立有限责任公司需要哪些条件及程序？

1. 设立有限责任公司应具备以下条件：

（1）股东符合法定人数（50人以下）；

（2）有符合公司章程规定的全体股东认缴的出资额（股东可以用货币出资，也可以用实物、知识产权、土地使用权等，可以用货币估价并可以依法转让的非货币财产作价出资）；

（3）股东共同制定公司章程；

（4）有公司名称，建立符合有限责任公司要求的组织机构；

（5）有公司住所。

2. 设立有限责任公司的程序

（1）签订《出资人协议》

由发起人签订《出资人协议书》，在公司未成立前，发起人应对他人承担连带的无限责任。

（2）公司名称预先核准

有限责任公司的名称须向公司登记机关申请预先核准，名称一般由四部分组成：行政区划＋字号＋行业特点＋组织形式，

并经核准后方可使用。

(3) 制定《公司章程》

股东共同制定《公司章程》，且须经全体股东同意并签名(盖章)，经公司登记机关登记后，才能正式生效。

(4) 必要的行政审批

《公司法》第六条规定：法律行政法规规定设立公司必须报经批准的，应当在公司登记前依法办理批准手续。

(5) 股东认足所认缴的出资

依据《公司法》第二十八条规定，股东应当按期足额缴纳公司章程中规定的各自所认缴的出资额。股东以货币出资的，应当将货币出资足额存入有限责任公司在银行开设的账户中；以非货币财产出资的，应当依法办理其财产权的转移手续。

(6) 递交公司申请材料

设立有限责任公司的同时设立分公司的，应当就所设分公司向公司登记机关申请登记。

(7) 发照

办理工商登记，发给公司营业执照，公司正式成立。

(8) 刻章

凭营业执照办理公章等事宜。

(9) 税务登记

(10) 银行开户

No.5 设立有限责任公司应提交哪些资料？

1. 公司法定代表人签署的《公司设立登记申请书》；

2. 股东主体资格证明或者自然人身份证明

- 股东为自然人的，提交身份证件复印件
- 股东为企业的，提交营业执照复印件
- 股东为其他法人单位的，提交其法人登记证书复印件
- 其他股东提交有关法律法规规定的资格证明

3. 全体股东签署的公司章程；

4.《企业名称预先核准通知书》；

5. 公司住所证明；

6. 公司法定代表人任职文件（股东会决议由公司股东签署，董事会决议由公司董事签字）及身份证件复印件；

7. 董事、监事和经理的任职文件（股东会决议由公司股东签署，董事会决议由公司董事签字）及身份证件复印件；

8. 法律、行政法规规定设立有限责任公司必须报经批准的，提交有关的批准文件或者许可证件的复印件；

9. 公司申请登记的经营范围中有法律、行政法规规定必须在登记前报经批准的项目，提交有关批准文件或者许可证件的复印件；

10.《指定代表或者共同委托代理人授权委托书》及其身份证件复印件。

注：一人有限责任公司和国有独资公司参照有限责任公司提供有关材料。

No.6 《出资人协议》都包括哪些内容？什么是公司章程？公司章程包括哪些内容？

1.《出资人协议》应主要包括以下内容：

（1）协议中的各出资人；

（2）拟成立有限公司的名称；

（3）有限公司住所地；

（4）经营范围；

（5）组织形式；

（6）管理形式；

（7）认缴注册资本及各出资人认缴的出资额；

（8）出资人的权利义务；

（9）违约责任；

（10）其他约定。

2.公司章程：

公司章程如同一个公司的“宪法”一样，是规定公司名称、宗旨、资本、经营范围、住所、组织机构等对内对外事务的基本法律文件。对公司的设立和运营具有重大意义。

3.公司章程应包括以下内容：

有限责任公司章程应当载明下列事项：

（1）公司名称和住所；

（2）公司经营范围；

（3）公司注册资本；

（4）股东的姓名或者名称；

（5）股东的出资方式、出资额和出资时间；

（6）公司的机构及其产生办法、职权、议事规则；

（7）公司法定代表人；

（8）股东会会议认为需要规定的其他事项。

股东应当在公司章程上签名或盖章。

No.7 一人有限责任公司有哪些特别规定？

一人有限责任公司的设立和组织机构适用特别规定，没有特别规定的，适用有限责任公司的相关规定。这些特别规定，具体包括以下几个方面：

1. 一个自然人只能投资设立一个一人有限责任公司，该一人有限责任公司不能投资设立新的一人有限责任公司。法人可以投资设立若干个一人有限责任公司。

2. 一人有限责任公司应当在公司登记中注明自然人独资或者法人独资，并在公司营业执照中载明。

3. 一人有限责任公司的章程由股东制定。

4. 一人有限责任公司不设股东会。法律规定的股东会职权由股东行使，当股东行使相应职权作出决议时，应当采用书面形式，并由股东签名后置备于公司。

5. 一人有限责任公司应当在每一会计年度终了时编制财务会计报告，并经会计师事务所审计。

6. 一人有限责任公司的股东不能证明公司财产独立于股东

自己财产的，应当对公司债务承担连带责任。

No.8 股份有限责任公司有哪些设立条件及程序？

1. 股份有限责任公司的设立条件：

设立股份有限责任公司，应当具备下列条件：

（1）发起人符合法定人数（应当有二人以上二百人以下为发起人，其中须有半数以上的发起人在中国境内有住所）；

（2）有符合公司章程规定的全体发起人认购的股本总额或者募集的实收股本总额；

（3）股份发行、筹办事项符合法律规定；

（4）发起人制订公司章程，采用募集方式设立的经创立大会通过；

（5）有公司名称，建立符合股份有限责任公司要求的组织机构；

（6）有公司住所。

2. 股份有限责任公司的设立程序

依据《公司法》第七十七条规定，股份有限责任公司的设立，可以采取发起设立或者募集设立的方式。

发起设立，是指由发起人认购公司应发行的全部股份而设立公司。

募集设立，是指由发起人认购公司应发行股份的一部分，其余股份向社会公开募集或者向特定对象募集而设立公司。

（1）发起设立方式设立股份有限责任公司的程序

① 发起人签订《发起人协议》，明确各自在公司设立过程中的权利和义务。

② 发起人认足公司章程规定其认购的股份（方法同有限责任公司）。

③ 选举董事会和监事会。发起人认足公司章程规定的出资后，应当选举董事会和监事会，建立公司的组织机构。

④ 申请设立登记。发起人在选举董事会和监事会后，董事会应当向公司登记机关报送公司章程及法律、行政法规规定的其他文件，申请设立登记。一旦公司登记机关依法予以登记，发给公司营业执照，公司即告成立。

（2）募集设立方式设立股份有限责任公司的程序

① 发起人认购的股份。发起人认购的股份不得少于公司股份总数的35%；否则，募集设立的股份公司不得成立。但是法律、法规另有规定的，从其规定。

② 发起人缴足所认购的出资后，才能向社会公开募集股份。

③ 向社会公开募集股份。

◆ 由依法设立的证券公司承销，签订承销协议

◆ 同银行签订代收股款协议。代收股款的银行应当按照协议代收和保存股款，向缴纳股款的认股人出具收款单据，并负有向有关部门出具收款证明的义务。

◆ 公告招股说明书

◆ 制作认股书

④ 召开创立大会。

发起人应当自股款缴足之日起三十日内主持召开公司创立

大会。创立大会由发起人、认股人组成。发起人应当在创立大会召开十五日前将会议日期通知各认股人或者予以公告。创立大会应有代表股份总数过半数的发起人、认股人出席，方可举行。

以下三种情况，公司不再设立，且发起人需返还认股人的认缴款并支付利息（银行同期存款利息）：

- ◆ 未按期募足股份；
- ◆ 发起人未按期召开创立大会；
- ◆ 创立大会决议不设立公司。

⑤申请设立登记。董事会应于创立大会结束后三十日内，向公司登记机关申请设立登记（须提交公司章程、法律法规规定的其他文件及国务院证券监督管理机构的核准文件）。

⑥登记发照。公司登记机关依法核准登记后，应当发给公司企业法人营业执照。自公司企业法人营业执照签发之日起，公司即告成立。

No.9 合伙企业有哪些种类？

合伙企业分普通合伙企业和有限合伙企业。

普通合伙企业由普通合伙人组成，合伙人对合伙企业债务承担无限连带责任。普通合伙人承担责任的形式有特别规定的，从其规定。

有限合伙企业由普通合伙人和有限合伙人组成，普通合伙人对合伙企业债务承担无限连带责任，有限合伙人以其认缴的出资额为限对合伙企业债务承担责任。

No.10 设立合伙企业需要哪些条件及程序?

1. 设立合伙企业条件：

根据《合伙企业法》规定，设立普通合伙企业，应当具备下列条件：

（1）有两个以上合伙人

（2）有书面《合伙协议》

（3）有合伙人认缴或者实际缴付的出资，合伙人可以用货币、实物、知识产权、土地使用权或者其他财产权利出资，也可以用劳务出资（合伙人的劳务出资形式是有别于公司出资形式的重要不同之处）。

（4）有合伙企业的名称和生产经营场所。合伙企业的名称中应当标明“普通合伙”、“特殊普通合伙”或者“有限合伙”字样。

（5）法律、行政法规规定的其他条件。

2. 设立合伙企业的程序：

（1）申请人向企业登记机关提交相关文件：

① 全体合伙人签署的设立登记申请书；

②《合伙协议》；

③ 全体合伙人身份证明；

④ 全体合伙人指定的代表或者共同委托代理人的委托书；

⑤ 全体合伙人对各合伙人认缴或实际缴付出资的确认书；

⑥ 经营场所证明；

⑦ 其他法定的证明文件。

此外，法律、行政法规规定设立合伙企业需经批准的，还应当提交有关批准文件。合伙协议约定或者全体合伙人决定，委托一个或者数个合伙人执行合伙事务的，还应当提交全体合伙人的委托书。

（2）企业登记机关核发营业执照。合伙企业的营业执照签发日期，为合伙企业成立日期。合伙企业领取营业执照前，合伙人不得以合伙企业名义从事合伙业务。

（3）合伙企业登记的相关事项

申请人提交的登记申请材料应齐全并符合法定条件。

企业登记机关受理申请后，做出是否登记的决定。予以登记的，发给营业执照；不予登记的，应当给予书面答复，并说明理由。

（4）合伙企业设立分支机构，应当向分支机构所在地的企业登记机关申请登记，领取营业执照。

No.11 《合伙协议》都包括哪些内容？

1. 合伙企业的名称和主要经营场所的地点；

2. 合伙目的和合伙经营范围；

3. 合伙人的姓名或者名称、住所；

4. 合伙人的出资方式、数额和缴付期限；

5. 利润分配、亏损分担方式；

6. 合伙事务的执行；

7. 入伙与退伙；

8. 争议解决办法；

9. 合伙企业的解散与清算；

10. 违约责任；

11. 合伙人约定的其他事宜。

No.12 个人独资企业的设立有哪些条件及程序？

1. 个人独资企业的设立条件：

根据《个人独资企业法》的规定，设立个人独资企业应当具备下列条件：

（1）投资人为一个自然人，该自然人只能是中国公民，应是具有完全民事行为能力的人，且非法律和行政法规禁止从事营利性活动的人（如国家公务员、法官、现役军人、商业银行工作人员等）。

（2）有合法的企业名称

《个人独资企业管理办法》规定，个人独资企业的名称应当符合名称登记管理有关规定，并与其责任形式及从事的营业相符合。个人独资企业的名称中不得使用“有限”、“有限责任”

或者“公司”字样。

（3）有投资人申报的出资

《个人独资企业法》对设立个人独资企业的出资数额未作限制，只要求投资人申报出资，并不要求投资人实际缴付出资。

（4）有固定的生产经营场所和必要的生产经营条件

（5）有必要的从业人员

2. 设立个人独资企业的程序

（1）提交设立个人独资企业所需的材料

申请设立个人独资企业，应当由投资人或者其委托的代理人向个人独资企业所在地的登记机关提交下列文件：

①投资人签署的个人独资企业设立《申请书》，应当载明：企业的名称和住所；投资人的姓名和居所；投资人的出资额和出资方式；经营范围。

②投资人身份证明材料。

③企业住所证明和生产经营场所使用证明等文件。

④国家工商行政管理局规定提交的其他文件。

⑤从事法律、行政法规规定必须报经有关部门审批的业务，应当提交有关部门的批准文件。

⑥委托代理人申请设立登记的，应当提交投资人的委托书和代理人的身份证明。

（2）登记机关应当在收到设立申请文件之日起十五日内，作出核准登记或者不予登记的决定。予以核准的发给营业执照；不予以核准的，发给企业登记驳回通知书。

（3）企业成立日期

个人独资企业的营业执照的签发日期，为个人独资企业成立日期。在领取个人独资企业营业执照前，投资人不得以个人独资企业名义从事经营活动。

（4）个人独资企业设立分支机构，应当由投资人或者其委托的代理人向分支机构所在地的登记机关申请登记，领取营业执照。分支机构经核准登记后，应将登记情况报该分支机构隶属的个人独资企业的登记机关备案。分支机构的民事责任由设立该分支机构的个人独资企业承担。

（5）个人独资企业存续期间登记事项发生变更的，应当在作出变更决定之日起的十五日内依法向登记机关申请办理变更登记。

（三） 股东之间的关系

No.13 公司何时可以分配利润？利润分配有哪些基本原则吗？

1. 公司利润分配：

利润分配，是将企业实现的净利润，按照国家法律法规、政策、公司章程及财务制度的规定在企业和投资者之间进行的分配。利润分配的时间是利润分配义务发生的时间和企业作出决定向内向外分配利润的时间。

根据《公司法》第一百六十六条规定：公司分配当年税后利润时，应当提取利润的百分之十列入公司法定公积金。公司法定公积金累计额为公司注册资本的百分之五十以上的，可以不再提取。

公司的法定公积金不足以弥补以前年度亏损的，在依照前款规定提取法定公积金之前，应当先用当年利润弥补亏损。

公司从税后利润中提取法定公积金后，经股东会或者股东大会决议，还可以从税后利润中提取任意公积金。

股东会、股东大会或者董事会违反前款规定，在公司弥补亏损和提取法定公积金之前向股东分配利润的，股东必须将违反规定分配的利润退还公司。

公司持有的本公司股份不得分配利润。

2. 利润分配的基本原则：

（1）依法分配原则

利润分配是企业将缴纳所得税后的净利润进行分配，这些利润是企业的权益，企业有权处理与分配，但是，利润分配必须符合有关法律法规、政策、公司章程和财务制度的相关规定。

（2）弥补亏损及保全资本金的原则

利润的分配是对经营中资本增值额的分配，企业如果存在以前年度尚未弥补的亏损，应首先弥补亏损，再进行利润分配，同时，公司不得将资本金予以分配，这是公司运营的基础，也是对债权人的担保。

（3）兼顾短期利益和长期利益的原则

利润分配涉及投资者、经营者、职工等多方面的利益，在保障投资者利益的前提下，企业必须兼顾各方利益，并在合法提取公积金、合理留用利润的基础上进行分配利润。

No.14 股东足额缴纳了出资，如果年终公司盈利了能分吗？怎么分？

甲乙丙丁共同成立有限责任公司，甲占40%的股权，乙丙丁各占20%的股权，甲乙丙丁均足额缴纳了全部出资，且年终公司实现了盈利。

分配利润是公司股东最重要的权利，也是股东投资公司的目的所在。

根据《公司法》第三十四条规定，股东按照实缴的出资比例分取红利；全体股东约定不按照出资比例分取红利或者不按照出资比例优先认缴出资的除外。也就是说，如果甲、乙、丙、丁之间约定不按出资比例分配利润，则按约定的比例分配即可。如果没有特殊约定，甲、乙、丙、丁之间按4∶2∶2∶2的出资比例分配利润。

No.15 甲公司年终利润分配哪些不符合法律规定？

甲公司成立于2015年4月，注册资本100万元，A出资30万元、B出资30万元、C出资40万元，2015年公司刚刚成立，市场开拓困难，年度亏损8万元。2016年经过艰苦的努力，公司缴纳税金后年终利润为20万元（但尚未提取公积金）。为了回报股东，公司决定年终分红30万元（其中：20万元为公司利润，另从资本金中提取10万元）全部按出资比例分配给股东。

公司年终利润分配的做法不符合法律规定的主要有以下几点：

1. 公司盈利后，应当首先弥补以前年度的亏损，甲公司在分配利润前未考虑弥补2015年的亏损违反法律规定；公司在分配利润时，应当先提取法定公积金，甲公司在分配利润时未提取法定公积金违法法律规定。A、B、C必须将违反规定分配的利润退还公司。

《公司法》第一百六十六条规定：公司分配当年税后利润时，应当提取利润的百分之十列入公司法定公积金。公司法定公积金累计额为公司注册资本的百分之五十以上的，可以不再提取。

公司的法定公积金不足以弥补以前年度亏损的，在依照前款规定提取法定公积金之前，应当先用当年利润弥补亏损。

股东会、股东大会或者董事会违反前款规定，在公司弥补亏损和提取法定公积金之前向股东分配利润的，股东必须将违反规定分配的利润退还公司。

2. 公司从资本金中支取10万元用于利润分配，属于抽逃资金违反法律规定，应予以退还公司并需承担相应法律责任。

《公司法》第三十五条　公司成立后，股东不得抽逃出资。

第二百条　公司的发起人、股东在公司成立后，抽逃其出资的，由公司登记机关责令改正，处以所抽逃出资金额百分之五以上百分之十五以下的罚款。

No.16 有限责任公司的股东如何转让自己的股权？

依据《公司法》第七十一条规定：

（1）有限责任公司的股东之间可以相互转让其全部或者部分股权。

（2）股东向股东以外的人转让股权，应当经其他股东过半数同意。股东应就其股权转让事项书面通知其他股东征求同意，其他股东自接到书面通知之日起满三十日未答复的，视为同意转让。其他股东半数以上不同意转让的，不同意的股东应当购买该转让的股权；不购买的，视为同意转让。

（3）经股东同意转让的股权，在同等条件下，其他股东有优先购买权。两个以上股东主张行使优先购买权的，协商确定各自的购买比例；协商不成的，按照转让时各自的出资比例行使优先购买权。

（4）自然人股东死亡后，其合法继承人可以继承股东资格；但是，公司章程另有规定的除外。

（5）公司章程对股权转让另有规定的，从其规定。

No.17 什么情况下，有限责任公司的股东可以要求公司回购自己的股权？

有下列情形之一的，对股东会该项决议投反对票的股东可以请求公司按照合理的价格收购其股权：

（1）公司连续五年不向股东分配利润，而公司该五年连续盈利，并且符合本法规定的分配利润条件的；

（2）公司合并、分立、转让主要财产的；

（3）公司章程规定的营业期限届满或者章程规定的其他解散事由出现，股东会会议通过决议修改章程使公司存续的。

自股东会会议决议通过之日起六十日内，股东与公司不能达成股权收购协议的，股东可以自股东会会议决议通过之日起九十日内向人民法院提起诉讼，要求回购股权。

No.18 股份有限责任公司的股东如何转让自己的股份?

（1）股东持有的股份可以依法转让。

（2）股东转让其股份，应当在依法设立的证券交易场所进行或者按照国务院规定的其他方式进行。

（3）记名股票，由股东以背书方式或者法律、行政法规规定的其他方式转让；转让后由公司将受让人的姓名或者名称及住所记载于股东名册。

股东大会召开前二十日内或者公司决定分配股利的基准日前五日内，不得进行前款规定的股东名册的变更登记。但是，法律对上市公司股东名册变更登记另有规定的，从其规定。

（4）无记名股票的转让，由股东将该股票交付给受让人后即发生转让的效力。

（5）发起人持有的本公司股份，自公司成立之日起一年内不得转让。公司公开发行股份前已发行的股份，自公司股票在证券交易所上市交易之日起一年内不得转让。

（6）公司董事、监事、高级管理人员应当向公司申报所持有的本公司的股份及其变动情况，在任职期间每年转让的股份不得超过其所持有本公司股份总数的百分之二十五；所持本公司股份自公司股票上市交易之日起一年内不得转让。上述人员离职后半年内，不得转让其所持有的本公司股份。公司章程可以对公司董事、监事、高级管理人员转让其所持有的本公司股份作出其他限制性规定。

No.19 股份有限责任公司什么时候可以收购本公司股份?

根据法律规定：公司不得收购本公司股份，但是，有下列情形之一的除外：

（1）减少公司注册资本；

（2）与持有本公司股份的其他公司合并；

（3）将股份奖励给本公司职工；

（4）股东因对股东大会作出的公司合并、分立决议持异议，要求公司收购其股份的。

公司因前款第（1）项至第（3）项的原因收购本公司股份的，应当经股东大会决议。公司依照前款规定收购本公司股份后，属于第（1）项情形的，应当自收购之日起十日内注销；属于第（2）项、第（4）项情形的，应当在六个月内转让或者注销。

公司依照第一款第（3）项规定收购的本公司股份，不得超过本公司已发行股份总额的百分之五；用于收购的资金应当从公司的税后利润中支出；所收购的股份应当在一年内转让给职工。

另外，公司不得接受本公司的股票作为质押权的标的。

No.20 有限责任公司股权转让有哪些程序？股份有限责任公司股份转让有哪些程序?

1. 有限责任公司的股权转让程序：

（1）有限责任公司应当置备股东名册，记载下列事项：股东的姓名或者名称及住所；股东的出资额；出资证明书编号。记载于股东名册的股东，可以依股东名册主张行使股东权利。公司应当将股东的姓名或者名称及其出资额向公司登记机关登记；登记事项发生变更的，应当办理变更登记。未经登记或者变更登记的，不得对抗第三人。

股东转让股权后，公司应当注销原股东的出资证明书，向新股东签发出资证明书，并相应修改公司章程和股东名册中有关股东及其出资额的记载。对公司章程的该项修改不需再由股东会表决。

（2）有限责任公司变更股东的，自变更之日起30日内申请变更登记，并应当提交新股东的主体资格证明或者自然人身份证明。

（3）有限责任公司的自然人股东死亡后，其合法继承人继承股东资格的，公司应当依照前款规定申请变更登记。

（4）法律、行政法规应当办理批准、登记等手续生效的，依照其规定。

2．股份有限责任公司的股份转让程序：

（1）股东转让其股份，应当在依法设立的证券交易场所进行或者按照国务院规定的其他方式进行。

（2）记名股票，由股东以背书方式或者法律、行政法规规定的其他方式转让；转让后由公司将受让人的姓名或者名称及住所记载于股东名册。

股东大会召开前二十日内或者公司决定分配股利的基准日前五日内，不得进行前款规定的股东名册的变更登记。但是，法律对上市公司股东名册变更登记另有规定的，从其规定。

（3）无记名股票的转让，由股东将该股票交付给受让人后即发生转让的效力。

3．股东姓名或名称的变更：

股份有限责任公司的发起人改变姓名或者名称的，应当自改变姓名或者名称之日起30日内申请变更登记。

No.21 有限责任公司股权变更需要提交哪些资料？

1．有限责任公司股权变更需要提交下列资料：

（1）《公司变更登记申请表》

（2）公司章程修正案或修改后的公司章程

（3）《企业法人营业执照》正副本

（4）新股东的主体资格证明或自然人的身份证复印件

（5）《股权转让协议》

（6）委托代理人的委托书

（7）法律、行政法规和国务院规定变更登记事项前需先办理许可文件变更的，应在办理变更登记时一并提交变更后的许可文件。

No.22 公司股东欲转让股权怎么处理？

甲乙丙丁共同成立某有限责任公司，甲出资15万元，乙出资10万元，丙出资10万元，丁出资8万元。后乙欲将其10万元股权转让给戊，遂征求甲丙丁的意见，甲不同意乙转让股权，丙不同意乙将股权转让给戊，想自己购买，丁没有意见。

1. 甲不同意乙转让股权，甲该怎么办?

2. 丙能购买乙欲转让给戊的股权吗?

（1）甲不同意乙转让股权，甲应该购买该部分股权。

（2）在同等条件下，丙具有优先购买权，如果甲放弃优先购买权，丙可以获得10万元股权；如果甲也坚持购买该部分股权，则甲丙按照其出资比例进行购买，甲购买60%，获得6万元的股权，丙购买40%，获得4万元的股权。

《公司法》第七十一条 有限责任公司的股东之间可以相互转让其全部或者部分股权。

股东向股东以外的人转让股权，应当经其他股东过半数同意。股东应就其股权转让事项书面通知其他股东征求同意，其他股东自接到书面通知之日起满三十日未答复的，视为同意转让。其他股东半数以上不同意转让的，不同意的股东应当购买该转让的股权；不购买的，视为同意转让。

经股东同意转让的股权，在同等条件下，其他股东有优先购买权。两个以上股东主张行使优先购买权的，协商确定各自的购买比例；协商不成的，按照转让时各自的出资比例行使优先购买权。

No.23 什么是股权激励？股权激励主要有哪些模式？[①]

股权激励是通过向经营者授予公司股权的形式，使企业经营者能够站在股东的立场上，参与公司决策，共享利润，共担风险的一种激励方法，达到企业与经营者共赢的目的。

现阶段股权激励的模式主要有：股票期权、限制性股票、股票增值权、虚拟股票、业绩股票等。

1. 股票期权

股票期权是指公司授予激励对象在未来一定期限内以预先确定的价格和条件购买公司一定数量股票的权利，其特点是高风险高回报，适合处于成长初期或扩张期的企业。

2. 限制性股票

限制性股票是指按预先确定的条件授予激励对象一定数量的本公司股票，只有满足预定条件时，激励对象才可将限制性股票抛售并从中获利；预定条件未满足时，公司有权将免费赠与的限制性股票收回或者按激励对象购买价格回购，适用于成熟型企业或者对资金投入要求不是非常高的企业。

3. 股票增值权

股票增值权是指公司授予激励对象在未来一定时期和约定条件下，获得规定数量的股票价格上升带来收益的权利，股票

---

①http://jingyan.baidu.com/article/fc07f98913036b12ffe519d0.html

增值权的行权期一般超过激励对象任期，有助于约束激励对象短期行为，适用于现金流充裕且发展稳定的公司。

4. 虚拟股票

虚拟股票是指公司授予激励对象一种虚拟的股票，激励对象可以根据被授予虚拟股票的数量参与公司的分红并享受股价升值收益，但没有所有权和表决权，也不能转让和出售，且在离开公司时自动失效。有些非上市公司可以选择虚拟股票方式进行股权激励。

5. 业绩股票

业绩股票是指年初确定一个合理的业绩目标和一个科学的绩效评估体系，如果激励对象经过努力实现目标，则公司授予其一定数量的股票或提取一定比例的奖励基金购买股票后授予，适合于业绩稳定并持续增长，现金流充裕的企业。

No.24 股东享有哪些权利？

1. 知情权：

（1）有限责任公司的股东有权查阅、复制公司章程、股东会会议记录、董事会会议决议、监事会会议决议和财务会计报告。

有限责任公司的股东可以要求查阅公司会计账簿。股东要求查阅公司会计账簿的，应当向公司提出书面请求，说明目的。公司有合理根据认为股东查阅会计账簿有不正当目的，可能损害公司合法利益的，可以拒绝提供查阅，并应当自股东提出书面请求之日起十五日内书面答复股东并说明理由。公司拒绝提供查阅的，股东可以请求人民法院要求公司提供查阅。

（2）股份有限责任公司应当将公司章程、股东名册、公司债券存根、股东大会会议记录、董事会会议记录、监事会会议记录、财务会计报告置备于本公司。

股份有限责任公司的股东有权查阅公司章程、股东名册、公司债券存根、股东大会会议记录、董事会会议决议、监事会会议决议、财务会计报告，对公司的经营提出建议或者质询。

2. 股东有权就存在瑕疵的股东会决议提起无效确认之诉与撤销之诉

公司股东会或者股东大会、董事会的决议内容违反法律、行政法规的无效。股东会或者股东大会、董事会的会议召集程序、表决方式违反法律、行政法规或者公司章程，或者决议内容违反公司章程的，股东可以自决议作出之日起六十日内，请求人民法院撤销。股东依照前款规定提起诉讼的，人民法院可以应公司的请求，要求股东提供相应担保。公司根据股东会或者股东大会、董事会决议已办理变更登记的，人民法院宣告该决议无效或者撤销该决议后，公司应当向公司登记机关申请撤销变更登记。

3. 股东对公司经营者的索赔权

董事、高级管理人员违反法律、行政法规或者公司章程的规定，损害股东利益的，股东可以向人民法院提起诉讼。

4. 有限责任公司股东的股权转让自由更具弹性和效率

《公司法》规定，股东向股东之外的第三人转让股权时不需履行股东会的决议程序，只需股东就其股权转让事项书面通知其他股东征求同意。其他股东自接到书面通知之日起满30日未答复的，视为同意转让；其他股东半数以上不同意转让的，不同意的股东应当购买该转让的股权；不购买的，视为同意转让。

转让股权后，公司应当注销原股东的出资证明书，向新股东签发出资证明书，并相应修改公司章程和股东名册中有关股东及其出资额的记载。对公司章程的该项修改不需再由股东会表决。

5. 特殊情况下有限责任公司股东的退股权

《公司法》第七十四条规定了股东退股的三种情形：

（1）公司连续5年不向股东分配利润，而公司该5年连续盈利，并且符合本法规定的分配利润条件；

（2）公司合并、分立、转让主要财产的；

（3）公司章程规定的营业期限届满或者章程规定的其他解散事由出现，股东会会议通过决议修改章程使公司存续的。

上述三种情况有可能加大股东投资风险，直接动摇股东的投资预期，因此，反对股东可以请求公司按照合理的价格收购其股权；倘若股东与公司不能达成股权收购协议，股东可以自股东会会议决议通过之日起90日内向人民法院提起诉讼。就股份有限责任公司而言，《公司法》第一百四十二条授权对股东大会作出的公司合并、分立决议持异议的股东有权要求公司收购其股份。

6. 股份有限责任公司引入了股东的累积投票权

股东大会选举董事、监事，可以依照公司章程的规定或者股东大会的决议，实行累积投票制。股东累积投票权可以促成小股东将其代言人选入董事会和监事会，扩大小股东的话语权。

7. 股东代表诉讼提起权

《公司法》第一百五十一条　董事、高级管理人员有本法第一百四十九条规定的情形的，有限责任公司的股东、股份有限责任公司连续一百八十日以上单独或者合计持有公司百分之一以上股份的股东，可以书面请求监事会或者不设监事会的有限责任公司的监事向人民法院提起诉讼；监事有本法第一百四十九条规定的情形的，前述股东可以书面请求董事会或者不设董事会的有限责任公司的执行董事向人民法院提起诉讼。

此外，《公司法》首次确认了出现公司僵局时股东享有解散公司的诉权。第一百八十二条规定：公司经营管理发生严重困难，继续存续会使股东利益受到重大损失，通过其他途径不能解决的，持有公司全部股东表决权10%以上的股东，可以请求人民法院解散公司。

No.25 公司董事、监事、高级管理人员能向公司借款或将公司资金借给他人吗?

根据《公司法》第一百一十五条　公司不得直接或者通过子公司向董事、监事、高级管理人员提供借款。第一百四十八条规定董事、高级管理人员不得违反公司章程的规定，未经股东会或者董事会同意，将公司资金借贷给他人或者以公司财产为他人提供担保。因此，董事、监事、高级管理人员不能向公司借款，也不能违反《公司法》的规定将公司资金借给他人。

No.26 股东应对公司承担哪些责任？

1. 应当遵守法律、行政法规和公司章程；

2. 按期缴纳所认缴的出资；在公司核准登记后，不得擅自抽回出资；

3. 对公司及其他股东诚实信用；

4. 对公司债务负有限责任；即只以其出资额为限对公司债务承担责任；

5. 股东之间的连带责任：

公司股东未按公司章程约定进行实际出资，或以非货币出资评估作价后其实际价额显著低于公司章程中认缴的价额，其他股东应对其承担连带责任；

6. 依法行使股东权利，不得滥用股东权利损害公司或者其他股东的利益；不得滥用公司法人独立地位和股东有限责任损害公司债权人的利益；

7. 公司股东滥用股东权利给公司或者其他股东造成损失的，应当依法承担赔偿责任；

8. 公司股东滥用公司法人独立地位和股东有限责任，逃避债务，严重损害公司债权人利益的，应当对公司债务承担连带责任；

9. 公司的控股股东、实际控制人、董事、监事、高级管理人员不得利用其关联关系损害公司利益；

10. 其他依法应当承担的责任和义务。

No.27 公司设立时哪些不符合法律规定？S公司是否可以要求公司股东承担连带责任？

2014年8月，甲乙丙拟共同成立有限责任公司，三方约定，公司名称暂定为“某市旭升商贸公司”（以下简称：旭升公司），公司注册资本80万元，甲以货币出资10万元，并以房屋出资（该房屋已抵押至银行），作价30万元；乙以货币出资10万元，并以专利权出资，作价20万元；丙以货币出资10万元，同时约定了各自的缴纳期限，甲担任公司的董事长。公司的住所在A区，由于甲与B区的税务机关关系良好，所以拟在B区的工商部门注册登记。办理登记手续时，工作人员指出其公司名称股东出资及注册登记地不符合法律规定，要求更改，更改后公司注册成功。

旭升公司成立后，各股东均依约缴纳出资并办理非货币出资的转移手续，后发现乙出资的专利权评估价仅为10万元，甲丙要求乙限期补足出资，但乙一直未缴纳。2015年3月，甲因家庭突发事件，导致资金紧张，抽回了10万元出资，乙丙对此也表示同意。2015年6月，因旭升公司拖欠S公司的货款20万元，S公司将旭升公司及甲乙丙告上法庭，要求公司及甲乙丙偿还债务并承担连带责任。

（1）旭升公司设立时以下做法不符合法律规定：

①公司名称不符合法律规定。

《公司法》第八条　依照本法设立的有限责任公司，必须在公司名称中标明有限责任公司或者有限公司字样。

②甲的出资不符合法律规定，甲的房屋已经抵押给银行不能作为出资。

《公司登记管理条例》第四条 股东的出资方式应当符合《公司法》第二十七条的规定，但股东不得以劳务、信用、自然人姓名、商誉、特许经营权或者设定担保的财产等作价出资。

注：本案中，甲根据工作人员的指导，解除了房屋抵押权。

③旭升公司的住所位于 A 区，拟在 B 区办理工商注册登记违反法律规定。

《公司登记管理条例》第十二条　公司的住所是公司主要办事机构所在地。经公司登记机关登记的公司的住所只能有一个。公司的住所应当在其公司登记机关辖区内。

（2）S 公司可以要求旭升公司及其股东偿还债务并承担连带责任。

《公司法》第三十条 有限责任公司成立后，发现作为设立公司出资的非货币财产的实际价额显著低于公司章程所定价额的，应当由交付该出资的股东补足其差额；公司设立时的其他股东承担连带责任。

《公司法解释三》第十四条 公司债权人请求抽逃出资的股东在抽逃出资本息范围内对公司债务不能清偿的部分承担补充赔偿责任、协助抽逃出资的其他股东、董事、高级管理人员或者实际控制人对此承担连带责任的，人民法院应予支持。

No.28 什么是隐名股东？隐名股东是否受法律保护？是否享有投资权益？如何获得真正的股东资格？

隐名股东（又名：实际投资人）是指实际认缴却以他人名义出资，在公司的章程、股东名册和工商登记材料记载的股东为他人的实际投资人。名义股东（又名：显名股东）是指并未出资，却被记载于公司文件和工商登记材料中并行使股权的人。

1. 关于隐名股东是否受法律保护

因隐名股东隐名的原因不同，分为：规避法律的限制，非规避法律的原因。

（1）规避法律的限制：受到法律、法规禁止或限制的投资人为了实现投资经营，达到获得投资权益的目的，通过《代持股协议》约定由名义股东代为持股，行使股权。这种违反法律法规效力强制性的约定是无效的，隐名股东的权益也无法得到法律保护。

（2）非规避法律的原因：有些隐名股东只是由于隐名投资人不愿意公开自身的经济状况，或由于其他非规避法律的原因选择隐名，此种情况，实际出资人只要能够证明有合法有效的《代持股协议》，是其真实意思的表示，法律即保护其股东权益。

最高人民法院关于适用《中华人民共和国公司法》若干问题的规定（三）第二十五条 有限责任公司的实际出资人与名义出资人订立合同，约定由实际出资人出资并享有投资权益，以名义出资人为名义股东，实际出资人与名义股东对该合同效力发生争议的，如无合同法第五十二条规定（即：合同无效的强制性规定）的情形，人民法院应当认定该合同有效。

前款规定的实际出资人与名义股东因投资权益的归属发生争议，实际出资人以其实际履行了出资义务为由向名义股东主张权利的，人民法院应予支持。名义股东以公司股东名册记载、公司登记机关登记为由否认实际出资人权利的，人民法院不予支持。

第二十六条　名义股东将登记于其名下的股权转让、质押或者以其他方式处分，实际出资人以其对于股权享有实际权利为由，请求认定处分股权行为无效的，人民法院可以参照物权法第一百零六条的规定（即：无处分权人将不动产或者动产转让给受让人的，所有权人有权追回）处理。

名义股东处分股权造成实际出资人损失，实际出资人请求名义股东承担赔偿责任的，人民法院应予以支持。

2. 关于隐名股东获得真正的股东资格

最高人民法院关于适用《中华人民共和国公司法》若干问题的规定（三）第二十五条规定，实际出资人未经公司其他股东半数以上同意，请求公司变更股东、签发出资证明书、记载于股东名册、记载于公司章程并办理公司登记机关登记的，人民法院不予支持。隐名股东要显明化，相当于名义股东将股权转让给外部的第三人，应当按照《公司法》对外转让股权的程序办理。

No.29 A、B 是公司股东吗？能否要求在公司股东中显名？

甲乙丙丁于 2010 年成立某有限责任公司，甲占 40% 的股权，是公司的大股东，任董事长。2012 年公司决定增资扩股，各股东按原出资比例追加投资。甲因资金紧张无力再投资，但又不愿意失去公司的控股权，于是，动员 A、B 出资，由于公司效益比较好，A、B 也愿意投资，甲与 A、B 协商后，与 A、B 各签订一份《代持股协议》，约定 A、B 的出资登记在甲的名下，但按出资比例享受公司分红。之后 A、B 确实按约定比例享受了公司年终分红。2014 年 A、B 商议，欲将出资登记自己的名下，成为公司的真正股东。

1. A、B 与甲之间《代持股协议》有效，他们之间是股份委托代持法律关系。因此，A、B 是公司隐名股东，是公司的实际出资人，不记载于《公司章程》、《股东名册》或工商登记中，但享有分红权。

对于 A、B 的出资部分，甲是公司的显名股东，又称名义股东，不出资但被记载于公司文件、工商登记中，且对该部分出资行使股权。

《公司法解释三》第二十五条 有限责任公司的实际出资人与名义出资人订立合同，约定由实际出资人出资并享有投资权益，以名义出资人为名义股东，实际出资人与名义股东对该合同效力发生争议的，如无合同法第五十二条规定的情形，人民法院应当认定该合同有效。

2. A、B 想显名成为真正的股东，需要其他股东半数以上同意。

《公司法解释三》第二十五条 实际出资人未经公司其他股东半数以上同意，请求公司变更股东、签发出资证明书、记载于股东名册、记载于公司章程并办理公司登记机关登记的，人民法院不予支持。

（四）公司治理部分

No.30 有限责任公司股东会行使哪些职权？股份有限责任公司股东大会行使哪些职权？

1. 有限责任公司公司股东会行使下列职权：

（1）决定公司的经营方针和投资计划；

（2）选举和更换非由职工代表担任的董事、监事，决定有关董事、监事的报酬事项；

（3）审议批准董事会的报告；

（4）审议批准监事会或者监事的报告；

（5）审议批准公司的年度财务预算方案、决算方案；

（6）审议批准公司的利润分配方案和弥补亏损方案；

（7）对公司增加或者减少注册资本作出决议；

（8）对发行公司债券作出决议；

（9）对公司合并、分立、解散、清算或者变更公司形式作出决议；

（10）修改公司章程；

（11）公司章程规定的其他职权。

对前款所列事项股东以书面形式一致表示同意的，可以不召开股东会会议，直接作出决定，并由全体股东在决定文件上签名、盖章。

2.关于有限责任公司股东会职权的规定，适用于股份有限责任公司的股东大会。

No.31 有限责任公司如何召开股东会?

1. 首次股东会会议由出资最多的股东召集和主持，依照《公司法》规定行使职权。

2. 股东会会议分为定期会议和临时会议。

定期会议应当依照公司章程的规定按时召开。代表十分之一以上表决权的股东，三分之一以上的董事，监事会或者不设监事会的公司的监事提议召开临时会议的，应当召开临时会议。

3. 有限责任公司设立董事会的，股东会会议由董事会召集，董事长主持；董事长不能履行职务或者不履行职务的，由副董事长主持；副董事长不能履行职务或者不履行职务的，由半数以上董事共同推举一名董事主持。

4. 有限责任公司不设董事会的，股东会会议由执行董事召集和主持。

5. 董事会或者执行董事不能履行或者不履行召集股东会会议职责的，由监事会或者不设监事会的公司的监事召集和主持；监事会或者监事不召集和主持的，代表十分之一以上表决权的股东可以自行召集和主持。

6. 召开股东会会议，应当于会议召开十五日前通知全体股东；但是，公司章程另有规定或者全体股东另有约定的除外。

股东会应当对所议事项的决定作成会议记录，出席会议的股东应当在会议记录上签名。

7. 股东会会议由股东按照出资比例行使表决权；但是，公司章程另有规定的除外。

8. 股东会的议事方式和表决程序，除《公司法》有规定的外，由公司章程规定。

股东会会议作出修改公司章程、增加或者减少注册资本的决议，以及公司合并、分立、解散或者变更公司形式的决议，必须经代表三分之二以上表决权的股东通过。

一人有限责任公司不设股东会。法律规定的股东会职权由股东行使，当股东行使相应职权作出决议时，应当采用书面形式，并由股东签名后置备于公司。

No.32 股份有限责任公司如何召开股东大会？

1. 股份有限责任公司股东大会由全体股东组成。股东大会是公司的权力机构，依照公司法行使职权。

2. 关于有限责任公司股东会职权的规定，适用于股份有限责任公司股东大会。

3. 股东大会应当每年召开一次年会。有下列情形之一的，应当在两个月内召开临时股东大会：

◆董事人数不足本法规定人数或者公司章程所定人数的三

分之二时；

◆公司未弥补的亏损达实收股本总额三分之一时；

◆单独或者合计持有公司百分之十以上股份的股东请求时；

◆董事会认为必要时；

◆监事会提议召开时；

◆公司章程规定的其他情形。

4. 股东大会会议由董事会召集，董事长主持；董事长不能履行职务或者不履行职务的，由副董事长主持；副董事长不能履行职务或者不履行职务的，由半数以上董事共同推举一名董事主持。

董事会不能履行或者不履行召集股东大会会议职责的，监事会应当及时召集和主持；监事会不召集和主持的，连续九十日以上单独或者合计持有公司百分之十以上股份的股东可以自行召集和主持。

5. 召开股东大会会议，应当将会议召开的时间、地点和审议的事项于会议召开二十日前通知各股东；临时股东大会应当于会议召开十五日前通知各股东；发行无记名股票的，应当于会议召开三十日前公告会议召开的时间、地点和审议事项。

单独或者合计持有公司百分之三以上股份的股东，可以在股东大会召开十日前提出临时提案并书面提交董事会；董事会应当在收到提案后二日内通知其他股东，并将该临时提案提交股东大会审议。临时提案的内容应当属于股东大会职权范围，并有明确议题和具体决议事项。

股东大会不得对前两款通知中未列明的事项作出决议。

无记名股票持有人出席股东大会会议的，应当于会议召开

五日前至股东大会闭会时将股票交存于公司。

6. 股东出席股东大会会议，所持每一股份有一表决权。但是，公司持有的本公司股份没有表决权。

股东大会作出决议，必须经出席会议的股东所持表决权过半数通过。但是，股东大会作出修改公司章程、增加或者减少注册资本的决议，以及公司合并、分立、解散或者变更公司形式的决议，必须经出席会议的股东所持表决权的三分之二以上通过。

No.33 有限责任公司如何设立董事会？小规模的公司也要设立董事会吗？

有限责任公司设董事会，其成员为三人至十三人；法律另有规定的除外。

两个以上的国有企业或者两个以上的其他国有投资主体投资设立的有限责任公司，其董事会成员中应当有公司职工代表；其他有限责任公司董事会成员中可以有公司职工代表。董事会中的职工代表由公司职工通过职工代表大会、职工大会或者其他形式民主选举产生。

董事会设董事长一人，可以设副董事长。董事长、副董事长的产生办法由公司章程规定。

董事任期由公司章程规定，但每届任期不得超过三年。董事任期届满，连选可以连任。

董事任期届满未及时改选，或者董事在任期内辞职导致董事会成员低于法定人数的，在改选出的董事就任前，原董事仍应当依照法律、行政法规和公司章程的规定，履行董事职务。

股东人数较少或者规模较小的有限责任公司，可以设一名执行董事，不设董事会。执行董事可以兼任公司经理。执行董事的职权由公司章程规定。

No.34 有限责任公司如何设立监事会？小规模的公司也要设立监事会吗？

有限责任公司设监事会，其成员不得少于三人。监事会应当包括股东代表和适当比例的公司职工代表，其中职工代表的比例不得低于三分之一，具体比例由公司章程规定。监事会中的职工代表由公司职工通过职工代表大会、职工大会或者其他形式民主选举产生。

监事会设主席一人，由全体监事过半数选举产生。监事会主席召集和主持监事会会议；监事会主席不能履行职务或者不履行职务的，由半数以上监事共同推举一名监事召集和主持监事会会议。

董事、高级管理人员不得兼任监事。

监事的任期每届为三年。监事任期届满，连选可以连任。

监事任期届满未及时改选，或者监事在任期内辞职导致监事会成员低于法定人数的，在改选出的监事就任前，原监事仍应当依照法律、行政法规和公司章程的规定，履行监事职务。

小规模公司可以设一至两名监事，不设监事会，监事行使监事会的权利。

No.35 公司董事会行使哪些职权？监事会行使哪些职权？

1. 公司董事会对股东会负责，行使下列职权：

（1）召集股东会会议，并向股东会报告工作；

（2）执行股东会的决议；

（3）决定公司的经营计划和投资方案；

（4）制订公司的年度财务预算方案、决算方案；

（5）制订公司的利润分配方案和弥补亏损方案；

（6）制订公司增加或者减少注册资本以及发行公司债券的方案；

（7）制订公司合并、分立、解散或者变更公司形式的方案；

（8）决定公司内部管理机构的设置；

（9）决定聘任或者解聘公司经理及其报酬事项，并根据经理的提名决定聘任或者解聘公司副经理、财务负责人及其报酬事项；

（10）制定公司的基本管理制度；

（11）公司章程规定的其他职权。

2. 监事会、不设监事会的公司的监事行使以下职权：

（1）有限责任公司：

①检查公司财务；

②对董事、高级管理人员执行公司职务的行为进行监督，

对违反法律、行政法规、公司章程或者股东会决议的董事、高级管理人员提出罢免的建议；

③当董事、高级管理人员的行为损害公司的利益时，要求董事、高级管理人员予以纠正；

④提议召开临时股东会会议，在董事会不履行本法规定的召集和主持股东会会议职责时召集和主持股东会会议；

⑤向股东会会议提出提案；

⑥依照《公司法》第一百五十二条的规定，对董事、高级管理人员提起诉讼；

⑦公司章程规定的其他职权。

监事可以列席董事会会议，并对董事会决议事项提出质询或者建议。

监事会、不设监事会的公司的监事发现公司经营情况异常，可以进行调查；必要时，可以聘请会计师事务所等协助其工作，费用由公司承担。

监事会、不设监事会的公司的监事行使职权所必需的费用，由公司承担。

（2）国有独资公司

国有独资公司监事会成员不得少于五人，其中职工代表的比例不得低于三分之一，具体比例由公司章程规定。

监事会成员由国有资产监督管理机构委派；但是，监事会成员中的职工代表由公司职工民主选举产生。监事会主席由国有资产监督管理机构从监事会成员中指定。

（3）股份有限责任公司

股份有限责任公司设监事会，其成员不得少于三人。

监事会应当包括股东代表和适当比例的公司职工代表，其中职工代表的比例不得低于三分之一，具体比例由公司章程规定。监事会中的职工代表由公司职工通过职工代表大会、职工大会或者其他形式民主选举产生。

监事会设主席一人，可以设副主席。监事会主席和副主席由全体监事过半数选举产生。监事会主席召集和主持监事会会议；监事会主席不能履行职务或者不履行职务的，由监事会副主席召集和主持监事会会议；监事会副主席不能履行职务或者不履行职务的，由半数以上监事共同推举一名监事召集和主持监事会会议。

No.36 公司小股东如何保护自己的利益?

我是A有限责任公司的股东，我公司共有三名股东，当年公司成立时，我因经济困难仅出资10%，其他两名股东都是公司董事，我是公司监事。公司刚成立时，股东会、董事会我也都参加，对公司的经营情况也都比较清楚，但是，最近一段时间，公司开股东会、董事会都不通知我，这是否违法？我通过调查发现，公司召开股东会、董事会的程序、内容等都有违法的地方，因公司经营很不正常，我还怀疑他们损害了我的利益，但是，我没有证据，故不能确定这一切，我如何核实以上情况？如果情况属实，我该怎么办？

1. 关于公司股东会、董事会的召开程序、表决方式、决议

内容：

（1）如果《公司章程》没有特别规定，公司召开股东会没有通知你是违反法律规定的。

《公司法》第四十一条规定：召开股东会会议，应当于会议召开十五日前通知全体股东；但是，公司章程另有规定或者全体股东另有约定的除外。

（2）作为公司监事，你可以列席公司的董事会。

《公司法》第五十四条　监事可以列席董事会会议，并对董事会决议事项提出质询或者建议。

（3）如果公司股东会、董事会的召开程序、表决方式、决议内容违反法律或者《公司章程》的规定，你可以请求人民法院撤销相关决议内容。

《公司法》第二十二条　公司股东会或者股东大会、董事会的决议内容违反法律、行政法规的无效。

股东会或者股东大会、董事会的会议召集程序、表决方式违反法律、行政法规或者公司章程，或者决议内容违反公司章程的，股东可以自决议作出之日起六十日内，请求人民法院撤销。

2. 如果你发现公司经营情况异常，怀疑他们损害你的利益，你可以采取以下方法进行调查核实：

（1）作为公司监事，你可以进行调查，必要时你可以聘请会计师事务所等协助工作，费用由公司承担。

《公司法》第五十四条　监事会、不设监事会的公司的监事发现公司经营情况异常，可以进行调查；必要时，可以聘请会计师事务所等协助其工作，费用由公司承担。

（2）作为股东具有知情权，你可以要求查阅公司的会议决定和财务会计报告。

《公司法》第三十三条　股东有权查阅、复制公司章程、股东会会议记录、董事会会议决议、监事会会议决议和财务会计报告。

股东可以要求查阅公司会计账簿。股东要求查阅公司会计账簿的，应当向公司提出书面请求，说明目的。公司有合理根据认为股东查阅会计账簿有不正当目的，可能损害公司合法利益的，可以拒绝提供查阅，并应当自股东提出书面请求之日起十五日内书面答复股东并说明理由。公司拒绝提供查阅的，股东可以请求人民法院要求公司提供查阅。

3. 如果因公司董事、高级管理人员违法损害了你的利益，你可以向人民法院起诉，要求索赔。

《公司法》第一百五十二条　董事、高级管理人员违反法律、行政法规或者公司章程的规定，损害股东利益的，股东可以向人民法院提起诉讼。

No.37 有限责任公司章程条款设置是否符合法律规定？

1. 有限责任公司股东为甲乙两人，公司注册资本 20 万元，甲认缴出资 12 万元，乙认缴出资 8 万元，甲乙的出资均于 5 年内缴清。

2. 甲担任公司执行董事并兼任公司总经理。

3. 乙担任公司副总经理并兼任公司监事。

4. 执行董事和监事的任期为 5 年。

1.《公司章程》中下列条款符合法律规定：

（1）公司股东为甲乙两人，公司注册资本 20 万元，甲出资 12 万元，乙出资 8 万元，甲乙的出资均于 5 年内缴清。

《公司法》第二十四条　有限责任公司由五十个以下股东出资设立。

第二十六条　有限责任公司的注册资本为在公司登记机关登记的全体股东认缴的出资额。

（2）甲担任公司执行董事并兼任公司总经理。

《公司法》第五十条　股东人数较少或者规模较小的有限责任公司，可以设一名执行董事，不设董事会。执行董事可以兼任公司经理。

2.《公司章程》中下列条款不符合法律规定：

（1）乙作为公司副总经理不能兼任公司监事。

《公司法》第五十一条　董事、高级管理人员不得兼任监事。

（2）执行董事和监事的任期为 5 年。

《公司法》第四十五条　董事任期由公司章程规定，但每届任期不得超过三年。董事任期届满，连选可以连任。

第五十二条　监事的任期每届为三年。监事任期届满，连选可以连任。

No.38 哪些人不能成为公司的董事、监事和高级管理人员?

有下列情形之一的，不得担任公司的董事、监事、高级管理人员：

1. 无民事行为能力或者限制民事行为能力；

2. 因贪污、贿赂、侵占财产、挪用财产或者破坏社会主义市场经济秩序，被判处刑罚，执行期满未逾五年，或者因犯罪被剥夺政治权利，执行期满未逾五年；

3. 担任破产清算的公司、企业的董事或者厂长、经理，对该公司、企业的破产负有个人责任的，自该公司、企业破产清算完结之日起未逾三年；

4. 担任因违法被吊销营业执照、责令关闭的公司、企业的法定代表人，并负有个人责任的，自该公司、企业被吊销营业执照之日起未逾三年；

5. 个人所负数额较大的债务到期未清偿。

公司违反前款规定选举、委派董事、监事或者聘任高级管理人员的，该选举、委派或者聘任无效。

董事、监事、高级管理人员在任职期间出现本条第一款所列情形的，公司应当解除其职务。

董事、监事、高级管理人员应当遵守法律、行政法规和公司章程，对公司负有忠实义务和勤勉义务。

董事、监事、高级管理人员不得利用职权收受贿赂或者其他非法收入，不得侵占公司的财产。

No.39 法律对公司董事有哪些限制、要求及责任?

董事、高级管理人员不得有下列行为:

(1) 挪用公司资金;

(2) 将公司资金以其个人名义或者以其他个人名义开立账户存储;

(3) 违反公司章程的规定，未经股东会、股东大会或者董事会同意，将公司资金借贷给他人或者以公司财产为他人提供担保;

(4) 违反公司章程的规定或者未经股东会、股东大会同意，与本公司订立合同或者进行交易;

(5) 未经股东会或者股东大会同意，利用职务便利为自己或者他人谋取属于公司的商业机会，自营或者为他人经营与所任职公司同类的业务;

(6) 接受他人与公司交易的佣金归为己有;

(7) 擅自披露公司秘密;

(8) 违反对公司忠实义务的其他行为。

董事、高级管理人员违反前款规定所得的收入应当归公司所有。

董事、监事、高级管理人员执行公司职务时违反法律、行政法规或者公司章程的规定，给公司造成损失的，应当承担赔偿责任。

股东会或者股东大会要求董事、监事、高级管理人员列席会议的，董事、监事、高级管理人员应当列席并接受股东的质询。

董事、高级管理人员应当如实向监事会或者不设监事会的有限责任公司的监事提供有关情况和资料，不得妨碍监事会或者监事行使职权。

董事、高级管理人员有违反上述规定的情形的，有限责任公司的股东、股份有限责任公司连续一百八十日以上单独或者合计持有公司百分之一以上股份的股东，可以书面请求监事会或者不设监事会的有限责任公司的监事向人民法院提起诉讼；监事有违犯上述规定的情形的，前述股东可以书面请求董事会或者不设董事会的有限责任公司的执行董事向人民法院提起诉讼。

监事会、不设监事会的有限责任公司的监事，或者董事会、执行董事收到前款规定的股东书面请求后拒绝提起诉讼，或者自收到请求之日起三十日内未提起诉讼，或者情况紧急、不立即提起诉讼将会使公司利益受到难以弥补的损害的，前款规定的股东有权为了公司的利益以自己的名义直接向人民法院提起诉讼。

他人侵犯公司合法权益，给公司造成损失的，有限责任公司的股东、股份有限公司的股东可以依照前两款的规定向人民法院提起诉讼。

董事、高级管理人员违反法律、行政法规或者公司章程的规定，损害股东利益的，股东可以向人民法院提起诉讼。

依据《证券市场禁入规定》，违反法律、行政法规或者中国证监会有关规定，情节严重的，可以对有关责任人员采取3至5年的证券市场禁入措施；行为恶劣、严重扰乱证券市场秩序、严重损害投资者利益或者在重大违法活动中起主要作用等情节较为严重的，可以对有关责任人员采取 5 至 10 年的证券市场禁入措施；有下列情形之一的，可以对有关责任人员采取终身的证券市场禁入措施：

①严重违反法律、行政法规或者中国证监会有关规定，构成犯罪的；

②违反法律、行政法规或者中国证监会有关规定，行为特别恶劣，严重扰乱证券市场秩序并造成严重社会影响，或者致使投资者利益遭受特别严重损害的；

③组织、策划、领导或者实施重大违反法律、行政法规或者中国证监会有关规定的活动的；

④其他违反法律、行政法规或者中国证监会有关规定，情节特别严重的。

No.40 下列案例中，哪些不符合法律规定？如何处理？

甲因侵占公司财产罪被判处有期徒刑两年，2013 年 5 月出狱，同年 10 月，甲与乙丙共同组建了 A 公司，甲担任总经理。一年后，A 公司经营业绩良好，利润非常可观。于是 2015 年 5 月，甲与其弟弟丁成立了 B 公司，与 A 公司业务基本相同，丁担任公司总经理。丁发现某种原材料非常紧俏，因此欲购买 C 公司的原材料，加价卖给 D 公司，从中赚取差价。但丁没有资金，遂从 B 公司支取 20 万元，用该笔资金多次周转，使用时间长达三个多月，共获利 8 万元。

本案例中，不符合法律规定的有：

1. 甲担任 A 公司总经理不符合法律规定，公司应更换他人担任总经理。

《公司法》第一百四十六条 有下列情形之一的，不得担任公司的董事、监事、高级管理人员：因贪污、贿赂、侵占财产、挪用财产或者破坏社会主义市场经济秩序，被判处刑罚，执行期满未逾五年，或者因犯罪被剥夺政治权利，执行期满未逾五年。

2. 甲与其弟弟丁成立了 B 公司，与 A 公司业务基本相同不符合法律规定。甲应将其从 B 公司所得的收入交归 A 公司所有。

3. 丁从 B 公司借款 20 万元，使用时间长达三个多月，属于挪用公司资金不符合法律规定。丁应归还公司 20 万元借款并将获利的 8 万元交还公司；如果构成犯罪，还应追究其刑事责任。

《公司法》第一百四十八条 董事、高级管理人员不得有下列行为：挪用公司资金；未经股东会或者股东大会同意，利用职务便利为自己或者他人谋取属于公司的商业机会，自营或者为他人经营与所任职公司同类的业务。董事、高级管理人员违反前款规定所得的收入应当归公司所有。

No.41 董事会的召开程序有哪些规定？

1.《公司法》对有限责任公司董事会召开程序的规定：

董事会会议由董事长召集和主持；董事长不能履行职务或者不履行职务的，由副董事长召集和主持；副董事长不能履行职务或者不履行职务的，由半数以上董事共同推举一名董事召集和主持。

董事会应当对所议事项的决定作成会议记录，出席会议的董事应当在会议记录上签名。

2.《公司法》对股份有限责任公司董事会召开程序的规定：

董事长召集和主持董事会会议，检查董事会决议的实施情况。副董事长协助董事长工作，董事长不能履行职务或者不履行职务的，由副董事长履行职务；副董事长不能履行职务或者不履行职务的，由半数以上董事共同推举一名董事履行职务。

董事会每年度至少召开两次会议，每次会议应当于会议召开十日前通知全体董事和监事。

代表十分之一以上表决权的股东、三分之一以上董事或者监事会，可以提议召开董事会临时会议。董事长应当自接到提议后十日内，召集和主持董事会会议。

董事会召开临时会议，可以另定召集董事会的通知方式和通知时限。

No.42 董事会有哪些议事规则?

1.《公司法》对有限责任公司董事会议事规则的规定：

董事会应当对所议事项的决定作成会议记录，出席会议的董事应当在会议记录上签名。

董事会决议的表决，实行一人一票。

董事会的议事方式和表决程序，除本法有规定的外，由公司章程规定。

2.《公司法》对股份有限责任公司董事会议事规则的规定：

董事会会议应有过半数的董事出席方可举行。董事会作出决议，必须经全体董事的过半数通过。

董事会决议的表决，实行一人一票。

董事会会议，应由董事本人出席；董事因故不能出席，可以书面委托其他董事代为出席，委托书中应载明授权范围。

董事会应当对会议所议事项的决定作成会议记录，出席会议的董事应当在会议记录上签名。

董事应当对董事会的决议承担责任。董事会的决议违反法律、行政法规或者公司章程、股东大会决议，致使公司遭受严重损失的，参与决议的董事对公司负赔偿责任。但经证明在表决时曾表明异议并记载于会议记录的，该董事可以免除责任。

No.43 有限责任公司与股份有限责任公司董事会召开程序和议事规则有哪些联系和区别?

1. 董事会会议召开程序的联系和区别：

《公司法》规定，有限责任公司和股份有限公司的董事会会议都是由董事长召集和主持，当董事长不能履行职务或者不履行职务时，由副董事长召集和主持，副董事长不能履行职务或者不履行职务时，则由半数以上董事共同推举一名董事召集和主持。但《公司法》未对有限责任公司董事会会议召开的最低次数作出规定，也未作出定期会议和临时会议的划分，这些问题可以在公司章程中作出规定。

《公司法》规定股份有限责任公司董事会会议则分为定期会议和临时会议两种：定期会议每年至少召开两次，并于会议召开前10日通知全体董事和监事。临时会议则由代表1/10以上表决权的股东、1/3以上董事或者监事会提议召开，并且董事长应当在接到提议后十日内，召集和主持董事会会议。

2. 董事会的议事方式和表决程序的联系和区别：

董事会应当通过召开会议的方式行使职权。根据《公司法》规定，有限责任公司董事会应当对所议事项的决定作成会议记录，出席会议的董事应当在会议记录上签名。董事会决议的表决，实行一人一票。除上述法律规定的内容外，其他有关董事会的议事方式和表决程序，由公司章程规定。而对于股份有限责任公司董事会的议事方式，法律则规定董事会会议应有过半数的董事出席方可举行。董事会作出决议，必须经全体董事的过半数通过。董事会决议的表决和有限公司董事会决议表决相同，也是实行一人一票。但在选举董事和监事时，可以实行累计投票制。

No.44 董事会的召开程序、表决方式及决议内容是否符合法律规定？

甲公司为股份有限公司，共有董事11人，2016年11月5

日公司召开董事会，董事长李某临时有事无法参加，由副董事长王某召集主持，另有董事刘某因事请假，书面委托其他董事代为出席并投票。董事会作出如下决议，经表决有 8 名董事同意而通过。

1. 聘任张三担任公司总经理，并确定其报酬；

2. 通过公司内部管理机构的调整方案；

3. 鉴于监事尹某调离公司，决定由董事杨某兼任公司监事；

4. 为了方便公司某些特殊事项的开支需要，由董事长设立个人账户，存入部分公司资金备用。

1. 公司董事会的召开和表决程序及董事会决议中下列事项符合法律规定：

（1）会议参加人员及表决程序合法。

《公司法》第一百一十一条　董事会会议应有过半数的董事出席方可举行。董事会作出决议，必须经全体董事的过半数通过。

（2）董事长不能出席会议由副董事长召集主持会议。

《公司法》第一百零九条 董事长召集和主持董事会会议，检查董事会决议的实施情况。副董事长协助董事长工作，董事长不能履行职务或者不履行职务的，由副董事长履行职务。

（3）董事刘某因事请假，委托其他董事代为出席并投票。

《公司法》第一百一十二条　董事会会议，应由董事本人出席；董事因故不能出席，可以书面委托其他董事代为出席，委托书中应载明授权范围。

（4）聘任张三担任公司总经理，并确定其报酬。

（5）通过公司内部管理机构的调整方案。

《公司法》第一百零八条 本法第四十六条关于有限责任公司董事会职权的规定，适用于股份有限公司董事会。

第四十六条　董事会对股东会负责，行使下列职权：决定公司内部管理机构的设置；决定聘任或者解聘公司经理及其报酬事项。

2. 公司董事会的召开和表决程序及董事会决议中下列事项违反法律规定：

(1) 鉴于监事尹某调离公司，决定由董事杨某兼任公司监事。首先该事项是股东会的权利，董事会无权决定监事的人选；其次乙作为公司董事不能兼任公司监事。

《公司法》第九十九条　本法第三十七条第一款关于有限责任公司股东会职权的规定，适用于股份有限公司股东大会。

第三十七条　股东会行使下列职权：选举和更换非由职工代表担任的董事、监事，决定有关董事、监事的报酬事项；

第五十一条　董事、高级管理人员不得兼任监事。

(2) 为了方便公司某些特殊事项的开支需要，由董事长设立个人账户，存入部分公司资金备用。

《公司法》第一百七十一条　对公司资产，不得以任何个人名义开立账户存储。

No.45 有限责任公司董事会决议是否需要全体董事过半数同意才能生效?

《公司法》对有限责任公司董事会的议事方式和表决程序有

明确的规定:“除本法有规定的外，由公司章程规定”。由于《公司法》对此没有明确规定，因此，董事会决议是否需要全体董事过半数同意才能生效，依据公司章程的规定来判断。

No.46 监事会的召开应符合哪些程序和议事规则?

监事会每年度至少召开一次会议，监事可以提议召开临时监事会会议。

监事会的议事方式和表决程序，除《公司法》有规定的外，由公司章程规定。

监事会决议应当经半数以上监事通过。

监事会应当对所议事项的决定作成会议记录，出席会议的监事应当在会议记录上签名。

No.47 A 公司监事会的组成是否符合法律规定?

A 公司为新组建的有限责任公司，监事会共有监事 5 名，其中包括一名职工代表。

1. 公司监事会由 5 名监事组成，符合法律规定。

2. 公司监事会中包括一名职工代表违反法律规定，至少应有两名职工代表。

《公司法》第五十一条　有限责任公司设监事会，其成员不得少于三人。股东人数较少或者规模较小的有限责任公司，可以设一至二名监事，不设监事会。

监事会应当包括股东代表和适当比例的公司职工代表，其中职工代表的比例不得低于三分之一，具体比例由公司章程规定。监事会中的职工代表由公司职工通过职工代表大会、职工大会或者其他形式民主选举产生。

No.48 作为公司监事享有什么权利？如何能让公司接受审计？

根据《公司法》规定，监事有以下职权：

1. 检查公司财务；

2. 对董事、高级管理人员执行公司职务的行为进行监督，对违反法律、行政法规、公司章程或者股东会决议的董事、高级管理人员提出罢免的建议；

3. 当董事、高级管理人员的行为损害公司的利益时，要求董事、高级管理人员予以纠正；

4. 提议召开临时股东会会议，在董事会不履行本法规定的召集和主持股东会会议职责时召集和主持股东会会议；

5. 向股东会会议提出提案；

6. 依照《公司法》的规定，对董事、高级管理人员提起诉讼；

7. 公司章程规定的其他职权。监事可以列席董事会会议，并对董事会决议事项提出质询或者建议。

8. 董事、高级管理人员有违反《公司法》相关规定情形的，股东可以书面请求监事会或者不设监事会的有限责任公司的监事向人民法院提起诉讼。

监事会、不设监事会的公司的监事发现公司经营情况异常，可以进行调查；必要时，可以聘请会计师事务所等协助其工作，费用由公司承担。监事会、不设监事会的公司的监事行使职权所必需的费用，由公司承担。

No.49 公司经理如何任命？公司经理行使哪些职权？

1. 有限责任公司经理如何任命？ 公司经理行使哪些职权？

有限责任公司可以设经理，由董事会决定聘任或者解聘。经理对董事会负责，行使下列职权：

（1）主持公司的生产经营管理工作，组织实施董事会决议；

（2）组织实施公司年度经营计划和投资方案；

（3）拟订公司内部管理机构设置方案；

（4）拟订公司的基本管理制度；

（5）制定公司的具体规章；

（6）提请聘任或者解聘公司副经理、财务负责人；

（7）决定聘任或者解聘除应由董事会决定聘任或者解聘以外的负责管理人员；

（8）董事会授予的其他职权。

公司章程对经理职权另有规定的，从其规定。

经理列席董事会会议。

股东人数较少或者规模较小的有限责任公司，可以设一名执行董事，不设董事会。执行董事可以兼任公司经理。

2. 国有独资公司经理的任命、权利及义务

国有独资公司设经理，由董事会聘任或者解聘。经理依照《公司法》第四十九条规定行使职权。

经国有资产监督管理机构同意，董事会成员可以兼任经理。

国有独资公司的董事长、副董事长、董事、高级管理人员，未经国有资产监督管理机构同意，不得在其他有限责任公司、股份有限责任公司或者其他经济组织兼职。

3. 股份有限责任公司经理的任命、权利及义务

股份有限责任公司设经理，由董事会决定聘任或者解聘。

《公司法》第四十九条关于有限责任公司经理职权的规定，适用于股份有限责任公司经理。

股份有限公司设经理，由董事会决定聘任或者解聘。公司董事会可以决定由董事会成员兼任经理。

公司不得直接或者通过子公司向董事、监事、高级管理人员提供借款。

公司应当定期向股东披露董事、监事、高级管理人员从公司获得报酬的情况。

No.50 股东可以兼任董事、监事、经理吗？

根据《公司法》规定，股东同时可以兼任法定代表人、董事和经理。但担任董事、高级管理人员的不得兼任监事，即不属于董事，经理以及财务人员等公司高级管理人员的股东可以担任监事。

No.51 甲的行为是否符合法律规定？

甲因为炒股负有大笔的到期债务，至今不能偿还，急于找一份收入较高的工作，几经周折，终于被 A 公司聘任为总经理。后甲的好友乙的父亲因车祸住院，急需一笔资金，乙曾有恩于甲，于是甲自作主张从公司借给乙 10 万元。

1. 甲不能担任公司总经理。

《公司法》第一百四十六条 有下列情形之一的，不得担任公司的董事、监事、高级管理人员：个人所负数额较大的债务到期未清偿。

2. 甲的行为违反法律规定。第一百四十八条 董事、高级管理人员不得有下列行为：违反公司章程的规定，未经股东会、股东大会或者董事会同意，将公司资金借贷给他人或者以公司财产为他人提供担保。

二

合同篇

（一）合同法总则

No.52 什么是“合同”？

《中华人民共和国合同法》第二条规定：“合同是平等主体的自然人、法人、其他组织之间设立、变更、终止民事权利义务关系的协议。”从《合同法》中关于合同的定义可以看出，合同当事人之间的法律地位是平等的。其次，合同是当事人之间调整民事财产关系的协议，双方不能够通过合同来约定例如婚姻、收养、监护等人身关系。合同一经签订，对于合同当事人之间既具有约束力，否则应当承担违约责任。

No.53 什么是合同管理？

有的创业者认为合同管理属于大企业应该关注的事情，自己现在只是业务结构简单、业务量不大的初创企业，没有必要花费精力管理合同。这种观念是极其危险的，企业在经营活动中离不开合同，合同是企业的利润之舟、风险之盾，无论企业的规模大小，都应该加强对合同的重视程度、对合同进行科学的管理。尤其是对于处于初创期的中小企业，由于签订合同时没有注意到潜在的法律风险而导致的经营危机屡见不鲜。

所谓合同管理，包含了诸多方面的内容。首先，合同管理是一个长期的过程而非某一个阶段，从合同的洽谈、起草、签订、成立、生效、履行直到终止，都需要进行关注。其次，合同管理具有系统性，需要企业中多部门的配合。很多企业由各个业务部门管理合同，虽然业务部门对于合同内容更加了解，但由于欠缺法律知识，这样的合同往往存在着很多的法律风险隐患，而且将合同归口到各个部门的操作不利于企业对合同整体的把握；也有的企业由法务部门管理合同，这样虽避免了一定的法律风险但是内容往往和实际业务相脱离。因此，合同管理需要多部门的相互协作与配合。最后，合同管理是动态的，要持续关注合同的签约情况及履行进展。尤其是对于时效较长的合同，更需要时刻掌握履约过程中的变化，及时对合同进行修改、变更、补充或者终止。

对于创业者来说，要做到从洽谈到终止、从形式到内容、从业务到法律，都对合同进行关注。

No.54 企业的合同管理机构应当如何设置？

从职能划分的角度分析，企业合同管理涉及以下机构：合

同业务机构、合同审核机构、合同批准机构、合同归档机构以及合同监督机构。合同业务机构是与合同联系最为密切的机构，负责合同的业务内容以及合同的谈判、起草、履行，及时将存在的问题与法律部门或者合同管理部门进行沟通。合同业务机构起草完毕后，需要提交给合同审核部门进行审核，审核机构从法律的角度审查合同内容是否违背法律规定、是否存在潜在法律风险，并且对合同争议提供法律支持。该机构的工作人员需要具备专业的法律知识，一些公司将此项工作委托给专业的律师负责。在完成以上基础工作后，需要合同的批准机构进行最后的确认，即具有相应职权的人员或者部门在合同上签字或者盖章。一般情况下，合同的批准机构依据合同的重要程度及金额，分别由股东会、董事会、董事长、总经理承担。一个企业的合同可能涉及多个业务部门，统一归口到一个部门进行发文与归档更便于企业进行管理。合同的监督，是指对合同履行的全过程的监督。

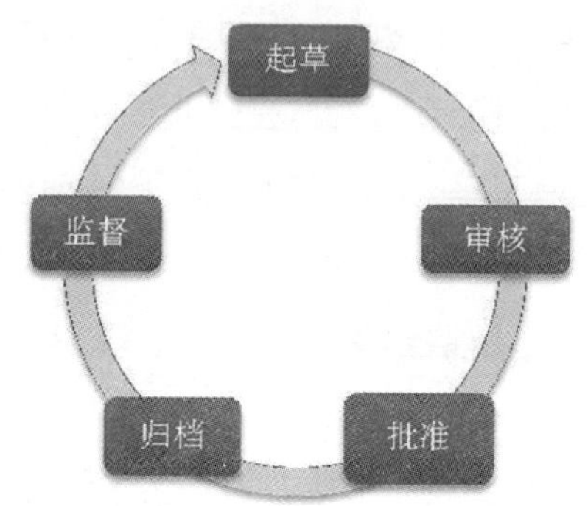

机构	职能
业务机构	业务内容、谈判、起草合同、履行、发现及协助争议
审核机构	法律内容、审核合法性及潜在风险、处理争议
批准机构	批准合同
发文归档机构	统一盖章、合同档案管理
监督机构	监督合同的履行

企业合同管理涉及以上多个部门，从机构设置的角度考虑，将整个合同管理工作统一由一个部门负责、其他部门配合的管理方式则更为合理。企业可以单独设立一个合同管理部门，也可以将合同管理职能融入某一部门之中。该部门为合同管理工作的归口部门，承担合同管理过程中的组织、协调工作与归档的工作。

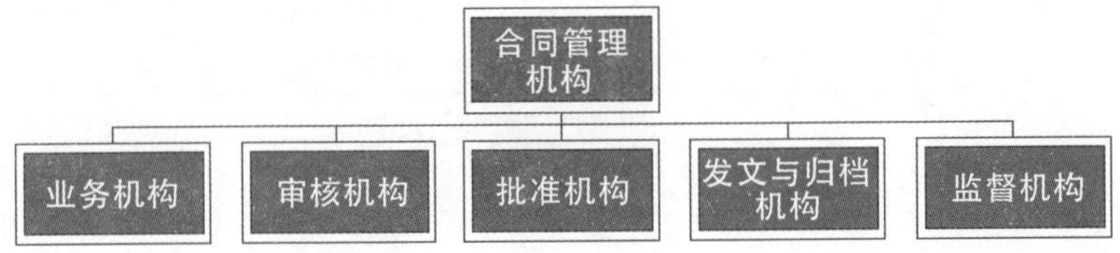

处于初创期的中小企业往往内部机构的设置并不完整，即使没有上述专门的机构，为了企业长期健康的发展也需要从以上五个方面对合同进行管理。

No.55 合同磋商阶段的资信调查应注意的地方？

创业者应秉持着谨慎的经营态度。企业在与目标单位进行磋商时，应当注重对其资信进行考察，对目标企业签订合同的资质及履行合同的信用有所了解。如果目标企业的资信存在瑕疵，将会给企业埋下极大的法律风险隐患。

在调查资信时首先应当审核目标企业的缔约资格。如果是自然人，请对方提供有效的真实的身份证件，审核对方是否为完全民事行为能力人。如果是企业，请对方提供营业执照、税

务登记证、特殊许可证照、工商档案等材料以证明其有资格开展经济活动。详见下表。

审查内容	审查证件或来源	审查条目	审查结果
缔约资格	营业执照	企业名称	具有独立的主体资格。
		经营范围	目标企业的经营行为没有超出经营范围，不属于法律禁止的行为，不属于需要特殊批准的行为。
	许可证照	特殊许可	目标企业如果从事某些特殊行业，具有国家批准的资质。
	工商档案	注册资本	目标企业按照规定缴纳注册资本，不存在股东虚假出资、抽逃资本的情况。
企业信用	中国裁判文书网	涉诉情况	了解企业涉诉案件的数量及种类。
	全国法院失信被执行人名单信息查询系统	执行案件	了解企业是否被列为失信被执行人。
	土地市场网、专利检索系统、中国商标网等资产查询系统	资产情况	了解企业的土地、知识产权等资产情况。

其次应当审核目标企业的履约能力和信用。履约能力包含了目标企业为履行本合同而准备的资金、人员配备、技术力量、场地设备等方面，准备越充分越全面的企业，合同履行存在的风险就越低。而以上这些关于履约能力的信息，企业可以要求目标企业直接提供资料，也可以综合在磋商过程中获取的信息

及实地考察而得出判断。关于目标企业的信用，则可以通过调取政府信息、法院信息、金融机构信息等途径有所了解，对潜在的风险程度做到心中有数。关于如何了解企业的信用信息，详见下表。

No.56 合同有哪几种形式？

依据合同法之规定，合同分为口头形式、书面形式和其他形式。当事人可以根据自己的实际情况采用有利于交易的合同形式。但是，《合同法》第十条规定："法律、行政法规规定必须采用书面形式的应当采用书面形式，"《合同法》第十一条明确规定，书面形式是指合同书、信件和数据电文（包括电报、电传、传真、电子数据交换和电子邮件）等可以有形地表现所载内容的形式。

No.57 口头形式的合同适用于那些情况？

口头形式的合同是指通过谈话达成的协议，日常生活中有许多交易金额不大且即时能够结清的交易，比如：在商店里的零售买卖。此类型的交易采用口头的合同可以简便交易程序、缩短交易时间，但是口头交易的缺点就是如果发生纠纷时取证困难，不易化分清楚责任。创业者开展交易活动时应秉持着谨慎的态度，不建议采取口头合同的形式。

No.58 合同的效力能否及于第三人?

《合同法》第八条规定：“依法成立的合同对当事人具有约束力。”由此可以得出：合同仅对签订合同的当事人有约束力，当事人不能通过签订合同让第三人承担合同的违约责任。但是，依据《合同法》第六十四条及六十五条，合同可以约定由第三人向债权人履行义务（履行不能的责任由债务人承担），也可以约定向第三人履行合同。

No.59 设立中的公司如何对外签订合同?

根据公司法之规定，公司营业执照签发的日期为公司成立的日期。公司正式成立后具有独立的法人资格，可以以公司名义对外签订合同。那么，没有取得营业执照的公司在公司设立的过程中也会对外进行经济往来，此时应该如何签订合同？效力如何？

依据公司法及其司法解释的规定，正在设立中的公司，发起人可以以自己的名义或者设立中的公司的名义对外签订合同。如果是为了设立公司而以自己的名义对外签订合同，合同的相对人可以请求该发起人承担合同责任，也可以在公司成立后请求公司承担合同责任。如果发起人以设立中的公司的名义对外签订合同，合同的相对人可以在公司成立后请求公司承担责任。如果公司不能成立，那么无论是以谁的名义签订的合同，合同相对人均可以请求发起人承担责任。

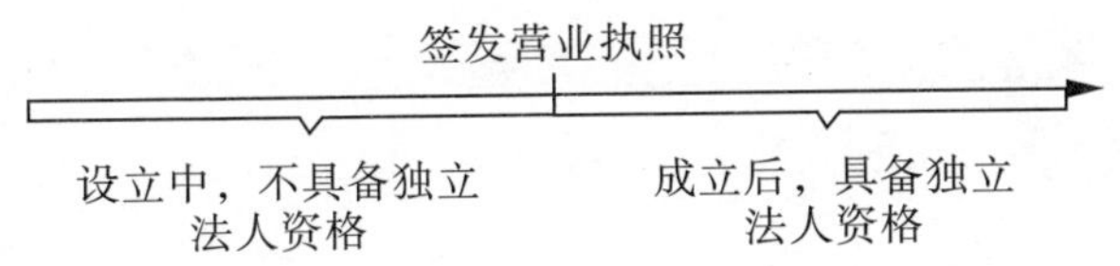

No.60 能否变更广告中的价格？

我是一家卖钢材的公司，之前作出广告：我公司现有某规格的钢材1000顿，每吨价格3000元，欲购从速。但是广告作出后不久钢材涨价，每吨3000元会亏本，我公司可以对前来买水泥的客户变动价格吗？

广告在法律上一般被认定为要约邀请。所谓邀约邀请，《合同法》第十五条规定："要约邀请是希望他人向自己发出要约的意思表示。"由此可以看出，要约邀请是为了对方向自己作出要约，是订立合同前的一种磋商、准备行为，并不产生法律效果。常见的要约邀请有拍卖公告、招标文件、寄送价目表、招股说明书、商业公告、广告等。因此，一般的广告属于要约邀请，对作出方没有约束力。但是，如果广告的内容包含了名称、价款、型号等涉及合同主要条款的，则该广告将被认定为要约而非要约邀请。要约对于要约的作出方具有约束力。因此，作出广告的公司应当按照广告的内容提供商品或者服务。结合到该问题，本条广告的内容包括了物品的名称、型号和价款，该广告实际上是一条订立合同的要约，公司不能变更价格。

No.61 关于订立合同的要约什么时候可以撤回?

我公司向供货商发出一份购货清单及价格，并注明如有清单中所列货物请运送至我公司。该清单及其他附件采用邮寄的方式发出。邮件寄出后我公司可以取消该笔订单吗?

公司邮寄该订单的行为属于要约，要约如果到达受要约人则立即对要约人产生法律效力。《合同法》第十七条规定:“要约可以撤回。撤回要约的通知应当在要约到达受要约人之前或者与要约同时到达受要约人。”由此可以看出，取消订单的意思表示应当在该邮件到达供货商之前到达或者与该邮件同时到达，才能被认定为要约的撤回，该订单也不对公司产生约束力。

如果撤销订单的意思表示在邮件到达供货商之后到达，那么在供货商作出承诺之前，可以撤销要约。《合同法》第十八条规定:“要约可以撤销。撤销要约的通知应当在受要约人发出承诺通知之前到达受要约人”。

需要注意的是，如果公司在要约中确定了承诺期间或者以其他的形式明示要约不可撤销的，那么依据公司法之规定，为了保护当事人的利益及交易的稳定性，不能撤销要约。

No.62 什么情况下直接交货的行为构成承诺？

我是一家木材供应商，面对客户提供的订单，我公司直接交货的行为是否可以构成承诺？

如果你公司和客户之前有特别的约定，或者你们之间长期交易，客户下订单后你方直接交货已经成为一种习惯，则你公司直接交货的行为是承诺，否则不构成承诺。依照《合同法》中关于承诺的定义，承诺是受要约人同意要约的意思表示。通常情况下，承诺作出后合同即成立。从内容上讲，承诺的内容和要约的内容应当一致；从时间上讲，承诺必须在有效的期间内做出；承诺必须是受要约人向要约人发出的。《合同法》第二十二条规定："承诺应当以通知的方式作出，但是根据交易习惯或者要约表明可以通过行为作出承诺的除外。"由此可以看出，只有在根据交易习惯或者有特别约定的情况下直接交货的行为才可以构成承诺。

No.63 超过承诺期作出的承诺是否有效？

我公司之前收到过一份订立合同的要约，要约中表明作出承诺的期限为收到要约后7日之内。现在已经超过额承诺期限，我公司作出的承诺是否有效？

承诺应当在约定的期限内到达要约人。如果没有约定期限，

要约以对话的形式做出的，承诺一般情况下也应当立即做出；要约以非对话的形式做出的，承诺应当在合理的期限内做出。依据《合同法》第二十八条之规定："受要约人超过承诺期限发出承诺的，除要约人及时通知受要约人该承诺有效的以外，为新要约。"可知：如果要约人承认超过期限的承诺，则该承诺有效。如果要约人不承认延迟的承诺，则该承诺为新的要约。因此，公司超过期限所做的承诺是否有效，关键是看要约人是否承认。

另外，如果受要约人在承诺期内做出了承诺，但是由于其他原因而使承诺超过期限到达要约人的，如果要约人没有及时通知受要约人不接受承诺，那么该承诺有效。

No.64 在承诺时对对方发出的要约内容进行了变动，合同成立吗？

如果是对合同的标的、数量、质量、价款、履行期限、履行地点、履行方式、违约责任等有关合同实质性内容的变更，根据合同法的规定，该承诺被视为新的要约，需要原要约人作出承诺才能够生效。如果是对实质性内容以外的条款的变更，如果要约人没有明确的表示反对或者明确地表示不能对合同任何条款作出变更的，该承诺有效，合同的内容以承诺的内容为准。因此，合同是否成立的关键是看该变更是否为实质性的变更。

No.65 只有公司盖章没有法定代表人签字的合同有效吗?

依据我国合同法之规定，当事人订立的书面合同，自双方签字或者盖章时成立。因此，只有公司盖章而没有法定代表人签字的合同也是有效的。但是，如果合同中的表述为“自双方签字、盖章之日起合同生效”或者“自双方签字并盖章之日起合同生效”，那么签字和盖章是并列的关系，此时则既需要公司的盖章又需要法定代表人的签字。

公司在签订合同时一定要注意文字的表达，建议重要的、金额较大的合同要签字和盖章同时具备。

No.66 合同内容完备与否是否会影响合同的成立?

《最高人民法院关于适用〈中华人民共和国合同法〉若干问题的解释（二）》第一条规定：“当事人对合同是否成立存在争议，人民法院能够确定当事人名称或者姓名、标的和数量的，一般应当认定合同成立。但法律另有规定或者当事人另有约定的除外。”因此，一般情况下，如果根据合同的内容可以得出合同当事人的姓名、标的和数量的，即便其他内容不完备或者约定不明，仍然可以判断为合同成立。

No.67 如何确定合同的成立地？

我公司和对方公司不在同一地点，也没有在合同中约定合同成立地。双方不在同一地点签字盖章，此时应如何确定合同的成立地？

最后签字、盖章地为合同成立地。《合同法》第三十五条：当事人采用合同书形式订立合同的，双方当事人签字或者盖章的地点为合同成立的地点。依据该条之规定，书面合同签字或者盖章的地点为合同的成立地。但是实际交易中，合同双方当事人往往不在同一地点，会出现不在同一地点签字盖章的情况。《最高人民法院关于适用〈中华人民共和国合同法〉若干问题的解释（二）》第四条规定："采用书面形式订立合同，合同约定的签订地与实际签字或者盖章地点不符的，人民法院应当认定约定的签订地为合同签订地；合同没有约定签订地，双方当事人签字或者盖章不在同一地点的，人民法院应当认定最后签字或者盖章的地点为合同签订地"。

No.68 起草和签订格式合同应当注意哪些方面？

《合同法》规定格式条款是当事人为了重复使用而预先拟定，并在订立合同时未与对方协商的条款。由于未与对方协商，合同法及其司法解释的立法原则是遵循公平交易原则、保护在合同中处于相对弱势的一方。依据法律之规定，提供格式条款的一方，对于免除或者限制其责任的条款，应当采用足以引起对方注意的文字、符号、字体等特别标识，并对该条款予以说明，否则该条款无效。另外，加重对方义务、排除对方权利的条款也无效。《合同法》第四十一条还规定："对格式条款的理解发生争议的，应当按照通常理解予以解释。对格式条款有两种以上解释的，应当作出不利于提供格式条款一方的解释。格式条款和非格式条款不一致的，应当采用非格式条款。"因此，公司在起草和订立格式条款时，也应当遵循公平原则，不能够加重对方的责任、排除对方的主要权利、免除自己的责任。

No.69 如果合同未成立，过错方是否需要承担法律责任？

合同双方在前期进行磋商后并没有订立合同属于日常生活中经常发生的事情，一般情况下协商不成的不承担责任。但如果对方是假借订立合同进行恶意磋商或者故意隐瞒与订立合同有关的重要事实或者提供虚假情况，并给当事人造成损失的，依据《合同法》第四十二条之规定，应当承担损害赔偿责任。该赔偿以当事人的损失为限，包括直接利益的减少。合同法中规定缔约过失责任是为了保护交易中的诚实信用原则，如果过错方有其他违背诚实信用原则的行为，也应当承担损害赔偿责任。

No.70 附生效条件合同，条件未成立，合同是否应当履行？

我公司原先准备租赁一间房屋作为员工宿舍，租赁合同中约定："承租人办理银行消费房租贷款，若合同签订4个工作日内未办理下来该业务，则双方无责。"后来我公司没有从银行办理下来贷款，那么此种情况下，我公司可以不履行合同吗?

该合同为附生效条件的合同，条件没有成立合同就没有生效，那么对于合同双方就没有约束力，此时公司可以不履行合同。

附条件的合同是指合同双方当事人在合同中约定某种事实状态，并以其将来发生或者不发生作为合同生效或者解除的限制条件的合同。我国《合同法》第四十五条规定"当事人对合同的效力可以约定附条件。附生效条件的合同，自条件成就时生效。附解除条件的合同，自条件成就时解除。"本案例中的约定实质为房屋租赁合同的生效条件，条件成就时合同生效。因此，本合同虽然成立但没有生效。

No.71 恶意阻止或促成附条件合同所附条件成就时，合同效力如何？

依据我国《合同法》第四十五条第二款之规定："当事人为自己的利益不正当地阻止条件成就的，视为条件已成就；不正当地促成条件成就的，视为条件不成就。"可知，恶意阻止条件成就时，合同生效，恶意促成条件成就时，合同不生效。此条规定是为了保护交易中的诚实信用原则。

No.72 合同生效前解除合同要承担违约责任吗?

我公司原先准备租赁一间房屋作为员工宿舍，2015 年 12 月 1 日与出租方签订了一份租赁协议，协议中约定："本合同有效期自 2016 年 1 月 1 日起至 2016 年 12 月 31 日止"。合同签订后一周内了解到我公司员工皆自行安排了住处，我公司无须提供宿舍，此时可以解除合同吗?

如果合同中没有约定当事人在合同生效前可以单方解除合同，那么该公司不能不经出租房的同意而随意解除。虽然合同此时还没有生效，但依据《合同法》第八条规定，依法成立的合同，对当事人具有法律约束力。当事人应当按照约定履行自己的义务，不得擅自变更或者解除合同。此时如果明确表示将来不承租该房屋，是一种预期违约行为，应当承担违约责任。

No.73 企业员工对外签订合同有效吗?

如果有企业的授权，员工也可以代表企业对外签订合同。日常生活中，不可能企业所有的合同均由法定代表人签字，企业经常会根据业务的需要授权员工相应的权利。

No.74 应当从哪些方面审查对方的员工是否有授权？

第一，审查该员工是否具有代理权限。第二，审查该员工是否超越代理权限或代理权限是否已终止。

特别注意，对于企业职工签订合同授权的管理与控制，是我们防范合同风险的重中之重。由于企业不可能将所有合同的签订业务都集中在法定代表人或负责人身上，在实际操作过程中，企业往往是给那些驻外的销售代表或者驻外的销售分公司预先给予相当数量的盖有企业公章的空白介绍信或者盖有企业公章的格式合同，以方便其在适当的时候签订合同。这其实就是企业的一种授权行为，但是法律风险常常就出现在这里。由于授权的不规范就会很容易产生无权代理或表见代理行为。规范企业职工的授权代理行为，杜绝无权代理和表见代理的发生是执行授权代理制度的关键。

No.75 未经授权而签订的合同有效吗？

法律规定无权代理行为未经被代理人追认的，被代理人不承担民事责任。因此未经授权的合同属于效力待定的合同，需要经过企业的追认才能生效。企业不予追认，由行为人承担法律责任。

No.76 企业如何规范对外授权？

第一，不要预先发出盖章的空白介绍信和空白合同书。如果必须这样做，企业必须严格控制，应在空白介绍信中明确规定该销售代表可以签订合同的具体项目、金额上限，以及该销售代表有权独立签订合同的时间期限。第二，在员工的职务停止或者调整岗位后，一定要确保将原先预先给他的空白介绍信、授权委托书和空白的盖有企业公章的格式合同及时清理、上缴，同时务必以最快的速度书面通知和他有业务往来的关系客户。第三，由业务部门提出申请，经过企业法务部门或合同管理部门审查，由法定代表人签署授权委托书。第四，如果授权事项发生变更，也应履行变更手续。第五，每年应当对代理人的授权委托书进行核查，对不符合要求的要及时收回代理权、撤销委托书。

No.77 法定代表人超越权限订立的合同有效吗？

我公司从一供货商处低价购进一批货物，对方现以“法定代表人超越权限订立合同”为由向我公司主张合同无效，我公司可以不退换货物吗?

该合同有效，对方应当继续履行合同。依据《合同法》第五十条规定，法人或者其他组织的法定代表人、负责人超越权限订立的合同，除相对人知道或者应当知道其超越权限的以外，

该代表行为有效。法律之所以这样规定是因为通常情况下，合同的相对人并不知道也没有义务知道法定代表人的权限有哪些。从法理上讲，公司的内部规定只对公司内部的员工具有约束力，对合同的相对人没有约束力。

No.78 企业和员工签订"生死合同"有效吗?

"生死合同"是指生产经营单位与从业人员签订的含有"工伤概不负责"等内容，旨在发生生产安全事故后逃避应该承担赔偿责任的协议。实践中，签订这类协议的常见于运输、建筑、采矿等从事高度危险作业的单位。

《合同法》第五十二条中规定：有下列情形之一的，合同无效：以合法形式掩盖非法目的。该合同属于无效合同，无效劳动合同从订立的时候起，就没有法律约束力。

No.79 因重大误解而签订的合同可以撤销吗?

我是一家餐饮公司，将大豆误以为黄豆而进了一批货，到货后发现不是自己要买的，可以主张退货吗?

可以因重大误解而向主张撤销合同或者变更合同。《合同法》第五十四条规定，因重大误解而订立合同的，当事人一方有权请求人民法院或者仲裁机构变更或者撤销合同。所谓重大误解，是指误解者在作出订立合同的意思表示时，对合同的重要事项产生了认识上的缺陷，从而达不到订立合同的目的或者会产生较大的损失。一般来说，重大误解包含了对合同的性质的误解、对对方当事人发生的误解、对标的物种类的误解以及对标的物质量的误解。

除了重大误解外，《合同法》还规定了其他两种可以撤销合同的情形：①在订立合同时显失公平的；②一方以欺诈、胁迫或者乘人之危使对方在违背真实意思的情况下订立合同的。

需要特别说明的是，依据《合同法》第五十四条规定行使撤销权的，必须在知道或者应当知道撤销事由之日起一年内行使，否则撤销权消灭。该“一年”为不变期间。这是因为如果撤销权人长期不行使权力或者过了很长时间以后才行使，合同就会处于不稳定的状态，也不利于社会经济秩序的稳定或交易。另外，如果撤销权人明确表示或者以自己的行为表示放弃撤销权的，就不能再主张撤销了。

No.80 合同有部分内容无效的，是否影响整体的效力？

合同无效分为全部无效和部分无效。合同部分无效，不影响其他部分效力的，其他部分仍然有效。另外，《合同法》第五十七条规定，合同无效的部分不影响合同中独立存在的有关解决争议方法的条款的效力。这是因为解决争议的条款虽然是合同的组成部分，但却是独立存在的。

No.81 我公司在与客户签订的销售合同中，关于质量的约定不是很明确，应当如何补救？

可以双方协商签订关于货物质量的补充协议，如果协商不成，可以依据交易习惯确定。《合同法》第六十一条规定合同生效后，当事人就质量、价款或者报酬、履行地点等内容没有约定或者约定不明的，可以补充协议，如果不能达成补充协议，按照合同有关条款或者交易习惯确定。如果依据有关条款和交易习惯还不能确定质量的，依据《合同法》第六十二条，可以按照国家标准或者行业标准履行，如果没有国家标准或者行业标准的，按照通常标准或者符合合同目的的特定标准履行。

No.82 指示交付发生交付错误，责任由谁承担？

我公司有一批陶瓷由仓库乙保管，我公司将该批陶瓷出售给丙公司，合同中约定由仓库向丙公司交付货物。后仓库乙给丙公司交付的陶瓷并不是合同中约定的陶瓷，此时责任应该由我公司承担还是仓库乙承担?

应该由你公司承担。因为合同的主体为你公司和丙公司，仓库乙只负责履行合同，而不承担违约责任。《合同法》第六十五条规定，当事人约定由第三人向债权人履行债务的，第三人不履行债务或者履行债务不符合约定，债务人应当向债权人承担违约责任。此处需要说明，这种以第三人履行为标的的合同，应当事先征得第三人的同意，否则对第三人并没有约束力。但是即便对第三人有约束力，第三人也只是履行合同的内容，并不是合同的当事人。

No.83 开发商未取得预售许可证签订的预售合同是否有效？

我公司与某项目开发有限公司甲达成协议，购买甲开发公司在建的商品房一套。随后我公司预付了购房款40000元。事后，我公司得知开发公司所预售的商品房未取得商品房预售许可证，遂不再支付余下的房款，也不愿接收已竣工的房屋。我公司可以向法院起诉，要求确认购房协议无效，并要求开发公司返还我公司预付的购房40000元，并赔偿其利息损失吗?

可以，开发公司预售商品房时未依法取得商品房预售许可证，违反了有关法律的规定，如果开发公司在诉讼中仍未取得预售许可证，那么法院将会认定该商品房预售合同无效。开发公司应承担返还房款、赔偿损失的民事责任。

本案例中，公司得知开发商没有取得预售证而停止支付剩余房款的行为属于履行不安抗辩权的行为。所谓不安抗辩权，依据《合同法》第六十八条，是指合同中应当先履行债务的当事人，有确切证据证明对方经营状况严重恶化或者转移财产、抽逃资金以逃避债务的或者丧失商业信誉或者其他丧失履行债务能力情形的，可以中止履行。但先履行债务当事人在行使不安抗辩时，应当及时通知对方，如果对方提供适当的担保，先履行方还应当继续履行合同。如果对方在合理的期限内没有恢复履行能力，也没有提供担保的话，中止履行的一方可以解除合同。

No.84 合同履行地变更后未通知另一方的法律后果?

我公司依照买卖合同的约定分四次向购货方提供货物，第四次供货的时候，发现对方的地址发生了变动而没有通知我公司，我公司现在应当采取何种措施?

可以中止履行或者将该批货物提存。除了地址发生变动，《合同法》第七十条还规定：债权人分立、合并或者变更住所没有通知债务人，致使履行债务发生困难的，债务人可以中止履行或者将标的物提存。

No.85 哪种情况下债权人享有撤销权?

我公司按照合同约定的价格以每台电脑3000元的价格向甲公司交付100台电脑，甲公司以资金周转紧张为由迟迟未按照合同的约定向我公司支付价款。我公司后来了解到，甲公司放弃了一笔50万元的债权。我公司现在如何做才能够保护自己的合法权益?

你公司可以向法院提起诉讼，主张撤销甲公司放弃债权的行为。《合同法》赋予了债权人在符合法律规定的情况下撤销债务人行为的权利，规定此条的目的在于恢复债务人的责任财产。第七十四条规定：因债务人放弃到期债权或者无偿转让财产，对债权人造成损害的，债权人可以请求人民法院撤销债务人的行为。债务人以明显不合理的低价转让财产，对债权人造成损害，并且受让人知道该情形的，债权人也可以请求人民法院撤销债务人的行为。由此可以看出，如果是无偿行为，可以不问第三人的动机而均得撤销。如果是有偿的，则必须是在第三人明知的情况下才可以撤销。另外，《合同法》第七十四条第二款规定：撤销权的行使范围以债权人的债权为限。债权人行使撤销权的必要费用，由债务人负担。债权人行使撤销权，可以向债务人、第三人提出，也可以向法院提出。债权人起诉至法院时，只以债务人为被告的，法院可以追加该受益人为第三人。

No.86 债权转让的条件是什么?

我公司可以将对甲公司的债权转让给乙公司吗?

如果不属于《合同法》第七十九条规定的不得转让三种情形外，通知公司甲后，即可将债权转让给乙公司。《合同法》中规定的三种不得转让的情况是：①根据合同性质不得转让的；②按照当事人约定不得转让的；③依照法律规定不得转让的。除以上三种外，债权人可将合同的全部或者部分权利转让给第三人。债权人转让权利时，应当通知债务人，否则该转让对债务人不发生效力。

当你公司将对甲公司的债权转让给乙公司时，附随的从权利也将一并转移。例如附随于主权利的抵押权、质权以及保证，都将随主权利的转移而转移。同时，债务人对原债权人的抗辩权也可以向债权受让人主张。

No.87 债务转移的条件是什么?

我公司可以将对甲公司的债务转移给乙公司吗?

在征得甲公司同意的情况下可以将债务转移给乙公司。应当注意，债务转移要经过债权人的“同意”。这是因为债权人和债务人订立合同是基于彼此的互相了解，债权人对第三人的资信状况以及履约能力可能并不清楚，所以必须经过同意才能够保障债权人的权益。

同样，如果将主要债务转移，附随于主债务的从债务也将一并转移。新债务人可以主张原债务人对债权人的抗辩。

No.88 公司合并后债权如何主张?

甲公司欠我公司货款 100 万，现甲公司与乙公司合并成为一家新的公司丙，甲公司注销工商登记。此时，我公司可以向乙公司主张债权吗?

可以。《合同法》第九十条规定，当事人订立合同后合并的，由合并后的法人履行合同义务。你公司可以向新成立的公司丙主张货款。

No.89 公司分立后债权如何主张？

甲公司欠我公司货款 100 万，现甲公司分立为甲公司和乙公司两家公司。此时，我公司可以向乙公司主张债权吗？

可以。《合同法》第九十条规定，当事人订立合同后分立的，除债权人和债务人另有约定的以外，由分立的法人或者其他组织对合同的权利和义务享有连带责任，承担连带债务。

No.90 合同履行完毕后，对方仍要保守商业秘密吗？

我公司邀请某咨询公司甲为我公司做专项服务，合同履行过程中，甲公司知悉了我公司大量商业信息及商业秘密。甲公司为我公司服务结束后，我公司仍然可以要求甲公司保守秘密吗？

可以。甲公司应当履行保密义务，你公司也可通过与甲公司签署《保密协议》来保证甲公司保守秘密。《合同法》在第九十二条中规定了“后契约义务”，合同权利义务终止后，当事人应当遵循诚实信用原则，根据交易习惯履行通知、协助、保密等义务。

No.91 可否在合同中约定解除合同的条件？条件成就时合同自动解除了吗？

当事人可以事先在合同中约定一方解除合同的条件。解除合同的条件成就时，解除权人可以解除合同。例如，可以约定“供货方提供的货物不符合质量要求，且经过换货后仍然不符合质量标准的，购货方有权解除合同。”但权利人按照合同的约定行使解除权时，应当通知对方。合同自通知到达对方时解除。因此，解除权人在解除合同时应当特别注意“通知”的环节。

《合同法》除了规定约定解除的情况，也在第九十四条规定了五种法定解除的情形，分别是：①因不可抗力致使不能实现合同目的；②在履行期限届满之前，当事人一方明确表示或者以自己的行为明确表示不履行主要债务的；③当事人一方迟延履行主要债务，经催告后在合理期限内仍未履行；④当事人迟延履行债务或者有其他违约行为致使不能实现合同目的；⑤法律规定的其他情形。符合以上五种情况之一的，属于法定解除的情形，但权利人同样需要通知对方解除合同。

No.92 合同解除后的法律后果是什么？

《合同法》第九十七条规定，合同解除后，尚未履行的，终止履行；已经履行的，根据履行情况和合同性质，当事人可以要求恢复原状、采取其他补救措施，并有权要求赔偿损失。

No.93 一方明确表示自己不履行合同义务的，另一方如何处理？

如果在合同履行期限届满之前，对方明确表示或者以自己的行为表明不履行合同义务的，可以要求其承担违约责任。《合同法》第一百零八条明确规定了当事人预期违约应当承担的责任。

No.94 一方违约后，另一方能否要求继续履行？

可以。《合同法》第一百零一条规定了当事人一方不履行合同义务或者履行合同义务不符合约定的，应当承担继续履行、采取补救措施或者赔偿损失等违约责任。因此，一方违约后，另一方完全可以要求另一方继续履行合同。

No.95 如何确定违约损失赔偿额的范围？

合同一方因违约而给对方造成损失的，还应当赔偿损失。损失赔偿额包括合同履行后可以获得的利益，但不能超过违约方订立合同时预见到或者应当预见到的因违反合同可能造成的损失。

No.96 如何在合同中约定违约金？

违约金是指按照合同中的约定，一方当事人因违约而向另一方支付的金钱。当事人可以在合同中约定一方违约时支付对方一定数额的违约金，也可以约定因违约产生的损失赔偿额的计算方法。如果约定的违约金低于或者过分高于实际损失的，当事人可以请求法院或者仲裁机构予以适当的增加或者减少。

No.97 违约金与定金能否同时适用？

不可以。定金是指合同的一方当事人为了担保合同的履行而预先向对方支付的一定数额的金钱，是作为债权的一种担保。债务人履行债务后，定金应当抵作价款或者收回。给付定金的一方不履行约定的债务的，无权要求返还定金；收受定金的一方不履行约定的债务的，应当双倍返还定金。

《合同法》第一百六十一条规定，当事人既约定违约金，又约定定金的，一方违约时，对方可以选择适用违约金或者定金条款。

（二）合同法分则

No.98 买卖合同中不可忽视验收约定

买卖合同中要特别注意货物验收条款的约定。对验收进行约定是为了解决标的物在交付时是否存在瑕疵的问题。验收条款一般包含了验收标准、验收期间等信息。对货物进行验收时，包含了对货物数量和质量两个方面的验收，其中质量验收又包含了对外观瑕疵的验收和隐蔽瑕疵的验收。如果卖方提供的货物不符合验收标准，要承担修理、更换、减少价款、赔偿损失、解除合同等救济手段；对于买方来说，货物不符合标准会影响自己的正常生产经营。因此，买卖双方均应当注重验收条款的约定。

在实践中经常会遇到因质量检验期间约定不明而引起的纠纷。双方约定质量检验期间的，买方应当在该期间内提出质量异议，否则视为该标的物的数量和质量符合约定。如果双方约定的检验期间过短，则视为该期间是对货物数量和外观瑕疵验收的约定，对于隐蔽的质量瑕疵，需要综合货物的多种因素判断合理验收期间。如果双方没有约定验收期间，则需要综合判断合理验收期间。但是合理验收期间最长不超过两年，如果约定质保期的，质保期视为验收期间。需要说明的是，验收期间只有在双方没有约定的情况下才在时间上与质保期重合。

综上，建议创业者在签订货物买卖合同时，根据货物的性质、交易习惯等因素明确的约定出检验期间，买受人应当在约定的期限内对货物的质量进行检验并且及时地提出质量异议。

No.99 买卖合同中，标的物毁损、灭失的风险应当由谁承担？

甲公司与乙公司订立了设备买卖合同，合同中约定："合同签订之日甲方向乙方交付设备，总价款20000元。乙方于合同签订当日支付10000元，余款三个月内付清。"合同同时约定"在乙方付清余款前，甲方保留对设备的所有权"。合同签订后，甲方便向乙方交付了设备。但是在交付后的第五日，该设备被盗。现在，乙方要求甲方返还10000元。甲公司应该返还吗？

损失应由乙方自行承担。《合同法》第一百四十二条规定："标的物毁损、灭失的风险，在标的物交付之前由出卖人承担，交付之后由买受人承担，但是法律另有规定或者当事人另有约定的除外。"甲、乙在签订合同时没有就风险承担作出特别约定，则以交付的时间为判断依据。

No.100 买卖合同中，如果标的物质量不符合要求而使合同目的不能实现的，买受人应该怎么办？

甲公司与乙公司订立了设备买卖合同，合同中约定："合同签订之日甲方向乙方交付设备，总价款 20000 元。乙方于合同签订当日支付 10000 元，余款三个月内付清。"合同同时约定"在乙方付清余款前，甲方保留对设备的所有权"。合同签订后，甲方便向乙方交付了设备。但是在交付后的第五日，该设备出现质量问题无法正常使用。现在，乙方要求甲方返还 10000 元。甲公司应该返还吗?

可以。《合同法》第一百四十八条规定："因标的物质量不符合质量要求，致使不能实现合同目的的，买受人可以拒绝接受标的物或者解除合同。买受人拒绝接受标的物或者解除合同的，标的物毁损、灭失的风险由出卖人承担。"依据该条之规定，乙公司可以要求与甲公司解除合同、双方返还原物。该设备无法使用的风险由甲公司承担。同时，甲公司应当承担质量瑕疵的责任，乙公司可以要求甲公司支付鉴定费。

No.101 供电人未事先通知用电人而断电，给用电人造成损失的，是否应当承担损害赔偿责任？

2015 年 7 月 17 日，用电人甲公司与某县供电公司（供电人）签订了《高压供用电合同》，约定供电人为用电人提供总容量为 880 千伏安的农业生产用电。甲方为生产猴头菇的企业，菇房需要恒温保暖。2016 年 1 月 3 日，供电公司在报纸上刊登停电公告，停电时间为 2016 年 1 月 13 日 12:00 至 19:00。但是供电公司并未在规定的时间内供电，致使甲公司的恒温设备无法正常运转，造成损失 50 万元。甲公司能否要求供电公司承担责任?

可以。甲公司和供电公司之间形成供用电合同关系。供用电合同是供电人向用电人供电，用电人支付电费的合同。依据《合同法》第一百八十条："供电人因供电设施计划检修、临时检修、依法限电或者用电人违法用电等原因，需要中断供电时，应当按照国家有关规定事先通知用电人。未事先通知用电人中断供电，造成用电人损失的，应当承担损害赔偿责任"。供电公司未按照通知的时间恢复供电，给甲公司造成的损失，应当承担损害赔偿责任。

No.102 经过公证的赠与合同，赠与人能撤销吗?

甲是房屋所有权人。甲乙双方于 2016 年 7 月 26 日签订了《赠与合同》，甲将其名下的该处房产无偿赠与乙，并于当日对该赠与合同进行了公证。乙于合同签订当日便实际占有使用该房屋，但是甲方迟迟不办理房屋过户手续。乙方可否请求甲方办理过户?

可以。首先，《合同法》第一百八十五条将赠与合同定义为："赠与合同是赠与人将自己的财产无偿给予受赠人，受赠人表示接受赠与的合同"。赠与合同的双方当事人意思表示真实、一致合同即成立，本例中的合同合法有效。其次，《合同法》第一百八十七条："赠与的财产依法需要办理登记等手续的，应当办理有关手续"。本例中赠与的标的是房屋，依据法律规定，应当办理登记才能转让。最后，由于赠与合同是一种无偿的合同，出于公平之原则，《合同法》赋与了赠与人在赠与财产转移之前可以撤销赠与的权利，但是《合同法》第一百八十六条规定：经过公证的赠与合同不能撤销。综上，甲方应当协助乙方办理房屋过户手续。

No.103 借款合同中约定的年利息能否超过年利率 36%？

甲乙双方于 2016 年 7 月 7 日签订《借款合同》，甲方向乙方提供借款人民币 400000.00 元（大写：肆拾万元整）。合同中约定的借款期限为三个月，利息按年率 30% 支付，按月支付，逾期加收利息 20%。合同签订后，甲方向乙方支付借款 400000.00 元。乙方可否主张利息过高应予以降低?

根据 2015 年 9 月 1 日实施的《最高人民法院关于审理民间借贷案件适用法律若干问题的规定》第二十六条："借贷双方约定的利率超过年利率 36%，超过部分的利息约定无效"。甲乙之间的年利率为 30%，符合规定。

No.104 租赁合同中，租赁期限应该注意哪些问题？

甲乙双方于2013年8月11日签订《房屋租赁合同》，合同约定：甲方将其所有的房屋租赁给乙方，租赁期限为2013年8月12日至2014年8月12日，租金为每年12000元，按年支付。合同签订后，甲方按照合同约定交付房屋。2014年8月12日，合同租期满后，甲乙双方口头协商续租，乙方一直租住该房屋至今，2016年8月，甲方告知乙方解除合同，返还房屋，但乙方拒不返还房屋，为此，甲方拟向法院提起诉讼以保护自己的权利。

《合同法》第二百一十四条规定："租赁期限不得超过二十年。超过二十年的，超过部分无效。租赁期间届满，当事人可以续订租赁合同，但约定的租赁期限自续订之日起不得超过二十年。"本例中，甲乙双方签订的租赁合同有效期为1年，符合法律规定。合同到期后，双方续租，自2014年8月12日至2016年8月已有两年的时间，按照法律规定双方应当签订书面的租赁合同，否则视为不定期租赁。《合同法》第二百三十二条规定对于不定期租赁合同，当事人可以随时解除合同，但出租人解除合同应当在合理期限之前通知承租人。

No.105 租赁物维修的费用应当由谁承担？

甲乙双方签订了一份《房屋租赁合同》，租赁期自2016年1

月1日至2017年12月31日。乙方承租期间发现卫生间有漏水现象，立刻联系甲方进行维修。但是甲方手机关机联系未果，为了防止损失扩大，乙方进行了维修，花费5000元。该笔维修费应当由谁承担?

应由出租人，即甲方承担。《合同法》第二百二十一条规定："承租人在租赁物需要维修时可以要求出租人在合理期限内维修。出租人未履行维修义务的，承租人可以自行维修，维修费用由出租人负担。因维修租赁物影响承租人使用的，应当相应减少租金或者延长租期。"因此，乙方可向甲方追偿维修费。

No.106 承租人可以自行转租吗?

甲乙双方于2012年4月26日签订《房屋租赁合同》，将甲方所有的门面房出租给乙方经营眼镜店。合同约定租赁期限为2012年4月26日至2020年4月25日，同时约定"乙方向第三人转租时，应事先征得甲方同意，否则甲方有权解除合同。"合同签订后，其依约交付房屋。2014年4月26日，乙方不再继续经营，擅自将房屋转租给丙方。2014年11月，甲方得知乙方不再经营擅自转租，可否要求解除合同?

可以。《合同法》第二百二十四条规定："承租人未经出租人同意转租的，出租人可以解除合同。"承租人未经出租人同意而转租的行为侵害了出租人对于租赁物所有权或处分权，为了保护出租人的利益，法律赋予了出租人解除合同的权利。

No.107 融资租赁合同关系中，标的物因质量瑕疵影响使用的，应当由谁承担责任？

甲乙双方于2013年4月29日签订了《融资租赁合同》以及相关附件。合同约定甲方通过融资租赁方式向乙方出租挖掘机一台，设备总价值74万元，融资租赁期限从2013年5月5日至2016年5月5日，共36期。甲方按照合同约定向乙方交付了合格的租赁设备，但乙方未按要求按期足额支付租金。截止到2016年5月5日，已拖欠甲方租金480000元。甲方现要求解除合同，取回租赁物，要求乙方支付所有租金，并支付租金的本金总和（融资额）10%的违约金。乙方能否以租赁物出现严重质量问题导致机械无法操作为由不支付租金及违约金?

不可以。《合同法》第二百二十四条规定："租赁物不符合约定或者不符合使用目的的，出租人不承担责任，但承租人依赖出租人的技能确定租赁物或者出租人干预选择租赁物的除外。"本例中，出租人是按照承租人的要求进行购买，依据法律规定，不对质量瑕疵承担责任。承租人应当向出卖人行使追索权，出租人应当配合。

No.108 定作人未向承揽人支付报酬或者材料费等价款的，承揽人应当如何保障利益？

2015年10月23日，甲乙双方签订《生产承包合同书》，合同约定由乙方为甲方洗选原煤，生产运营费为乙方实际处理的原煤量乘以吨原煤加工费，原煤加工费为17.59元/吨（含17%增值税、锅炉运营费、水电费，不含锅炉运营燃煤费）。该合同的期限从2015年11月1日起至2016年10月31日止。合同签订后，双方开始依约履行。2016年12月3日，乙方向甲方发出“函告”一份，称“因你方未支付部分煤炭加工费和补偿款，本公司已行使留置权达30天，要求你方支付所欠款项。”乙方能否通过留置的方式要求甲方付款?

可以。甲乙双方签订的合同为承揽合同，承揽合同是承揽人按照定作人的要求完成工作，交付工作成果，定作人给付报酬的合同。承揽合同的内容包括承揽的标的、数量、质量、报酬、承揽方式、材料的提供、履行期限、验收标准和方法等条款。《合同法》第二百六十四条规定了承揽人的留置权：“定作人未向承揽人支付报酬或者材料费等价款的，承揽人对完成的工作成果享有留置权，但当事人另有约定的除外。”

No.109 因承包人的原因致使建设工程在合理使用期限内造成人身和财产损害的，应由承包人还是发包人承担责任?

2014年10月甲方雇用乙方建筑装煤大棚，合同约定：人工费1万元，保修三年。2015年5月5日下午该煤棚被5—6级风刮倒，整体坍塌。甲方在煤棚内存放的蜂窝煤整齐摆放，没有对煤棚造成重压。煤棚倒塌将大棚内的蜂窝煤、桌子、收割机等造成一定损害，损失评估价值为人民币30000元。责任应由谁承担?

甲乙之间为施工合同关系。依据《合同法》第二百八十二条“因承包人的原因致使建设工程在合理使用期限内造成人身和财产损害的，承包人应当承担损害赔偿责任”。本案中，5—6级风非不可抗力因素且甲方属于正常使用大棚，且在合同约定的质量保证期内，依据合同约定及法律规定，乙方应当承担损害赔偿责任。

No.110 旅客因自己的原因不能按照客票记载的时间乘坐的，且未在约定的时间内办理退票或者变更手续，应当由谁承担责任?

2016年6月3日，甲在火车站自动售票机上购买了一张沈阳北至北京的无座票，开车时间为2016年6月10日1时。甲将开车时间误认为是2016年6月10日下午1时。当甲到达火车站时，该列车已经开车。原告到售票窗口要求办理退票或是改签业务，被告知因为火车已经开车超过两小时，故不能办理退票，也无法办理原告要求的改签业务。甲的损失应当由谁承担?

由甲自己承担。运输合同是承运人将旅客或者货物从起运地点运输到约定地点，旅客、托运人或者收货人支付票款或者运输费用的合同。客运合同自承运人向旅客交付客票时成立，但当事人另有约定或者另有交易习惯的除外。甲在火车站自动售票机上购票成功出票后，客运合同即成立。按照《合同法》第二百九十五条：“旅客因自己的原因不能按照客票记载的时间乘坐的，应当在约定的时间内办理退票或者变更手续。逾期办理的，承运人可以不退票款，并不再承担运输义务。”甲未能乘坐火车完全是因为自己的原因造成的，且出售的火车票背面已经明确提示旅客“如改签、变更到站或退票请提前办理”，甲也没有在约定的时间内办理，损失应当由甲承担。

No.111 运输过程中货物的毁损、灭失的风险应当由谁承担？

甲公司与乙运输公司以《托运单》的形式签订托运协议，载明：日期2016年3月16日，到站武汉，货物名称家具，件数182，付款方式到付，运费4500元，《托运单》下部用小号字体印有协定事项：4. 托运方应对托运的货物填写报价缴纳保险费，因承运人过错发生货物损坏丢失的，承运方在保价限额内按照货物损失的程度比例赔偿，托运方未填写保价金额，未交保费的以托运方所损失的货物运费的5倍以内计算赔偿额。在《托运单》上加盖有乙公司公章。甲公司将182件家具交付给乙公司，并由乙公司员工在发货清单上签字确认。上述货物在运输途中起火全部烧毁，损毁货物共计价值540382元。甲公司能否要求乙运输公司承担货物全部损失？

可以。甲乙双方签订《托运单》即视为成立了运输合同关系。《托运单》下部用小号字体印的协定事项，属于乙公司提供的格式条款。提供格式条款的一方如果免除自己的责任、加重对方的责任、排除对方主要权利的，该条款无效。并且，乙公司也没有提醒甲公司注意该条款。因此，该条无效。

《合同法》第三百一十一条规定："承运人对运输过程中货物的毁损、灭失承担损害赔偿责任，但承运人证明货物的毁损、灭失是因不可抗力、货物本身的自然性质或者合理损耗以及托运人、收货人的过错造成的，不承担损害赔偿责任。"乙公司应当对货物烧毁承担责任。

《合同法》第三百一十二条规定："货物的毁损、灭失的赔偿额，当事人有约定的，按照其约定；没有约定或者约定不明确，依照本法第六十一条的规定仍不能确定的，按照交付或者应当交付时货物到达地的市场价格计算。法律、行政法规对赔偿额的计算方法和赔偿限额另有规定的，依照其规定。"由于《托运单》上的格式条款无效，乙公司应当按照市场价格承担全部责任。

No.112 委托开发完成的发明创造，申请专利的权利属于谁？

2014 年 12 月，甲与乙公司经协商，就合作开发、生产甘蔗联合收割机项目达成了一致意见，并于当月 20 日签订了一份《协议书》，协议中就双方主要的权利义务及责任做了约定，甲负责收割机的技术研发、乙提供资金、人员、场地等支持。其中约定：四、技术保密：甘蔗联合收割机生产的技术、图纸归双方所有，双方均不能单独转让给第三方，产品在投放市场前应申请专利，专利权归乙公司所拥有，发明人填写甲，专利申请费和以后的维护费由乙公司负责支付。该协议签订后，甲即到乙公司处进行甘蔗联合收割机技术的开发和生产，于2015年3月出样机，7月开始生产。乙申请专利后，甲是否对该专利享有免费使用权?

不能。首先，甲、乙之间签订的《协议书》属于科技成果转化合同。《合同法》第三百三十条第一款、第四款分别规定“技术开发合同是指当事人之间就新技术、新产品、新工艺或者新材料及其系统的研究开发所订立的合同。”、“当事人之间就具有产业应用价值的科技成果实施转化订立的合同，参照技术开发合同的规定。”本例中甲乙双方签订合同的目的是为了实现工业化生产，应当参照技术开发合同处理。

其次，技术开发合同又分为委托开发和合作开发两种模式，该协议应当参照委托开发合同处理。《合同法》第三百三十条第二款规定“技术开发合同包括委托开发合同和合作开发合同。”甲乙双方名义上为合作开发，但是依据最高人民法院法释［2004］20号《关于审理技术合同纠纷案件适用法律若干问题的解释》第十九条规定：“技术开发合同当事人一方仅提供资金、设备、材料等物质条件或者承担辅助协作事项，另一方进行研究开发工作的，属于委托开发合同。”

最后，《合同法》第三百三十九条第一款规定：“委托开发完成的发明创造，除当事人另有约定的以外，申请专利的权利属于研究开发人。研究开发人取得专利权的，委托人可以免费实施该专利。”该条规定了当事人的约定优先，而甲乙双方的《协议书》中约定专利申请权归属于乙方，没有约定甲方作为研究开发人的免费使用权，因此甲方不能免费使用。

No.113 专利实施许可合同中，受让人应当承担哪些义务？

2015年9月10日甲获得一项实用新型专利授权。专利年费交纳至2017年4月6日。2016年4月21日，甲与乙签订《专利实施许可合同》，合同载明：授权使用年限5年，总共费用为人民币壹拾万元（¥100000），分三次支付：第一次支付人民币3万元；第二次支付人民币3万元；第三次付清余款人民币4万元。乙在支付完首期3万元后便不再向甲支付。

甲乙之间形成的是专利实施许可合同关系，甲在专利权存续期间转让技术并且双方当事人意思表示真实，合同合法有效。专利实施许可合同的受让人应当按照合同的约定支付使用费。因此，乙应当支付甲剩余款项。

除此之外，《合同法》第三百四十六条还规定了受让人不能许可约定以外的第三人使用专利。

No.114 技术咨询服务合同中，受托人提供的咨询报告不符合约定应当返还报酬吗？

甲公司与乙公司签订《技术咨询合同》，合同约定乙方提供的技术报告需要通过政府部门的审查。在合同中约定的履行期限内，乙方向甲方提供了技术报告，但是该报告一直未能通过政府部门的审批，致使甲方的项目不能如期开展，造成损失150万元。甲方能否要求乙方退还技术咨询费并赔偿150万元的损失?

甲方可以要求乙方返还已经支付的咨询费。甲乙双方签订的《技术咨询合同》合法有效，按照《合同法》的规定：技术咨询合同的受托人未按期提出咨询报告或者提出的咨询报告不符合约定的，应当承担减收或者免收报酬等违约责任。本案例中，合同中约定的标准是“通过政府部门的审查”，因此属于咨询报告不符合约定的情形，致使甲方的合同目的无法实现，应当返还报酬。

No.115 双方建立保管关系时，在保管期间，因保管人保管不善造成保管物毁损、灭失的，应当由谁承担损害赔偿责任?

2014 年 11 月 22 日，甲将自己驾驶的车停放在乙公司下属所辖的某某路两侧收费停车场路东侧停车位内，收费停车员将车辆引导入位，并给予票号 ××× 的停车场计时票。后来甲取车时发现车前保险杠、前机盖子被撞，毁损严重。因肇事车辆已逃逸，甲随后分别向 122、110 报警，两名警察出警，到现场勘验记录。甲能否要求乙公司承担损失?

可以。甲、乙之间形成的保管合同关系，因保管人保管不善造成保管物毁损的，保管人应当承担责任。《合同法》第三百六十五条规定：“保管合同是保管人保管寄存人交付的保管物，并返还该物的合同”，《合同法》第三百六十七条规定：“保管合同自保管物交付时成立，但当事人另有约定的除外”。在路边收费停车的交易习惯中，通常为停车人将车停入车位后收费员出具计时收费票并预先收取停车费。甲乙之间存在事实上的保管合同关系。依据《合同法》第三百七十四条的规定“保管期间，因保管人保管不善造成保管物毁损、灭失的，保管人应当承担损害赔偿责任，但保管是无偿的，保管人证明自己没有重大过失的，不承担损害赔偿责任”，乙公司应当承担责任。

No.116 仓储关系中，因存货人的原因致使仓储人于提货时无法交货的，仓储人承担违约责任吗？

2015 年 11 月 28 日，甲方与乙方签订《仓储协议》，双方约定 2016 年 1 月 1 日起至 2016 年 12 月 31 日期间，原告将约 30000 吨丙烯腈存放于乙处。2015 年 7 月 21 日，甲公司与丙公司签订《工矿产品购销合同》，双方约定甲公司向丙公司购买丙烯腈 1423. 436 吨（每吨 14600 元），价款为 20782165. 60 元，提货地点约定在乙公司处。甲公司支付了全部货款。2016 年 8 月 7 日，甲公司向乙公司出具《提货通知》，要求于 2016 年 8 月 13 日提清 1423. 436 吨丙烯腈，后乙公司于 2015 年 8 月 10 日向甲公司出具《告知函》，告知其所要求提取的 1423. 436 吨丙烯腈并未实际入库，目前无法提货。甲公司能否要求乙公司承担责任?

乙公司没有违约，无须承担责任。

首先，甲乙双方之间形成的是仓储合同关系。《合同法》第三百八十一条、三百八十二条规定：仓储合同是保管人储存存货人交付的仓储物，存货人支付仓储费的合同。仓储合同自成立时生效。

其次，乙公司并未构成违约。依照本例中《仓储协议》，甲公司未向乙公司交付仓储物、也未支付仓储费，该协议并未实际履行，就该协议乙公司并未构成违约，无须承担违约责任。

No.117 委托人可以转委托吗？

2015 年 4 月 28 日，甲乙双方就“汽车租赁委托经营”事宜签订《汽车租赁委托经营合同》，合同约定：轿车的产权属于甲方，经营权属于乙方，由乙方全权经营并按照该车辆营业收入 15% 收取管理费用，租金（即每月营业收入扣除管理费用后的剩余部分）由乙方按月向甲方结清。合同签订当日，甲方即按照合同约定将全新的轿车交付给乙方，并履行了全部合同义务。2015 年 7 月，乙方将轿车出租给第三人，乙方以第三人未向其支付租金为由拒绝向甲方偿付租金。甲方多次催促，乙方仍拒绝偿付。2015 年年底，轿车已经丢失，双方协商无果。甲方能否要求乙方承担车辆丢失的责任并要求其支付租金？

甲乙签订的委托经营合同为有效合同。《合同法》第三百九六条规定“委托合同是委托人和受托人约定，由受托人处理委托人事务的合同”，第四百条规定“受托人应当亲自处理委托事务。经委托人同意，受托人可以转委托。转委托未经同意的，受托人应当对转委托的第三人的行为承担责任”，第四百零六条规定“有偿的委托合同，因受托人的过错给委托人造成损失的，委托人可以要求赔偿损失。”本案例中，乙方未能按照合同约定与第三人签订租赁合同，导致车辆被骗租，造成甲方损失。乙方对此应承担全部责任。甲方可以要求乙方支付车辆的价款以及至车辆丢失时的租金。

No.118 什么是行记合同?

2015 年 3 月，甲要出卖自己的红木家具，乙表示自己有个商店，甲可以将家具交由其寄卖，甲出于信任答应了。乙将二十件红木家具运走，并出具家具清单。之后，乙一直未向甲支付钱款。2015 年 11 月 25 日，乙书面承诺将于 2015 年 12 月 20 日结清人民币 8 万元的出售款。但一直未按约清偿该款。甲遂向法院起诉乙支付出售款。

从乙提供的书面确认函及家具清单可见，甲将自己的家具交由乙寄卖，双方形成行纪合同关系。行纪合同是行纪人以自己的名义为委托人从事贸易活动，委托人支付报酬的合同。

No.119 什么是居间合同?

甲为房地产中介公司。2015 年 9 月 14 日，自然人乙打电话到甲公司说欲购买二手房，并要求乙为其介绍房源。2015 年 9 月 16 日，甲通知乙看房，并签署了《看房确认书》。此前，甲和该房主达成的口头交易价格为 56 万元。看房当日，乙和该房主就房屋买卖并未达成一致意见。甲也承诺再为乙介绍其他房源，乙表示认可。甲事后得知乙在2015 年12 月私下与该房主以 58 万元的价格完成了房屋买卖交易。甲现在能否依据双方所签订《看房确认书》中第二条第二款及第三款的规定，要求乙以 58 万元的成交价格按照 1. 3% 的比例即7540 元向其缴纳中介费?

可以。甲乙之间实际为居间合同的关系。居间合同是居间人向委托人报告订立合同的机会或者提供订立合同的媒介服务，委托人支付报酬的合同。《合同法》第四百二十六条规定: “居间人促成合同成立后，委托人应当按照约定支付报酬”。甲为乙提供欲出售房源信息，并实地带乙看房后，乙未通过甲，私自与房主联系，并成交，应当支付中介费。

三

用工篇

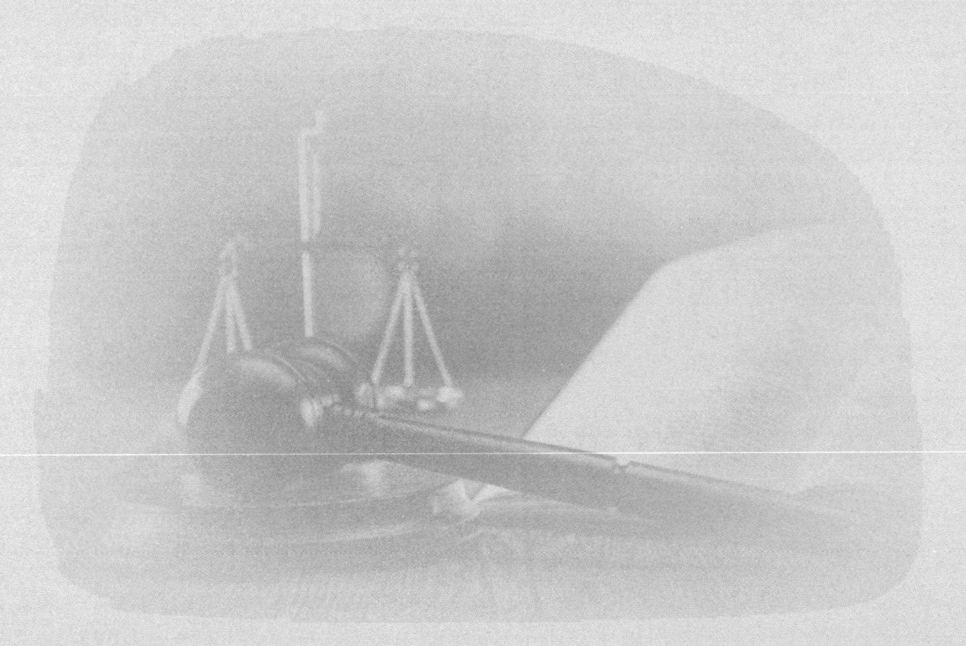

No.120 企业有哪些用工形式可以选择?

我国现行法律、法规规定的用工形式主要有以下几种:

企业的生存、发展和壮大离不开员工，但是单一的用工形式会增加企业用工风险和用工成本。现结合现行法律法规和企业的实际情况，介绍几种用工形式，供企业在用工时参照。

1. 劳动合同形式，这是目前我国企业最基本的用工形式。劳动合同分为：固定期限劳动合同、无固定期限劳动合同和以完成一定工作任务为期限的劳动合同三种类型。

企业在和劳动者签订劳动合同的同时可以有选择性的签订以下协议：试用期协议、聘任协议、岗位协议、竞业限制协议、保守商业秘密协议、培训与服务期协议。

2. 劳务派遣形式，劳务派遣用工可以在临时性、辅助性或者替代性的工作岗位上实施。临时性工作岗位是指存续时间不超过六个月的岗位；辅助性工作岗位是指为主营业务岗位提供服务的非主营业务岗位；替代性工作岗位是指用工单位的劳动者因脱产学习、休假等原因无法工作的一定期间内，可以由其他劳动者替代工作的岗位。

3. 非全日制用工，非全日制用工是指以小时计酬为主，劳动者在同一用人单位一般平均每日工作时间不超过四小时，每周工作时间累计不超过二十四小时的用工形式。企业可以采用劳务协议形式，企业可以和退休工人、在校学生、兼职人员签订劳务协议，明确双方属于劳务关系。也可以采用劳务外包形式，企业可以根据自身的需要，将保洁业务、保安业务等外包出去，以降低用工成本和用工风险。

No.121 用人单位如何选择合理的用工关系？

合理选择用工形式，是现代企业人力资源管理面临的必然课题，它可以使企业的人力资源层次分明，结构合理，劳动力成本明显降低，也便于产业结构调整时人员的安排和分流，同时实现人力资源管理中的人员配置目标，即将合适的人放在合适的岗位上，真正做到人尽其才，才尽其用，最大限度地调动职工的生产、工作积极性。

1.劳动合同的选择

对企业的管理岗位、技术岗位而言，选择劳动合同的形式是无可厚非的。但对这些岗位的人才，可以采用不同的劳动合同形式，培养他们成为管理人员、技术工人，给予较高的待遇，使管理层和技术队伍相对稳定，有利于专业人才的培养和发挥他们的作用。

2.雇佣合同、劳务合同的选择

对企业的辅助岗位，低技能、熟练工岗位则可以选择雇佣、劳务合同形式。雇员、劳务员工的劳动力资源的知识、技能要求较低，对这些技能的辅助岗位的适应度较高；雇员、劳务员工的流动性相对较大，但他们所承担的辅助岗位，具有只要经过简单培训就可以上岗的特点，减轻或抵消了人员流动性相对较大所带来的弊端。

No.122 劳动关系与雇佣关系有何区别？

雇佣关系是指受雇人向雇佣人提供劳务，雇佣人支付相应报酬形成的权利义务关系。雇佣关系是在雇主和受雇人达成契约的基础上成立的，雇佣合同可以是口头的也可以是书面的。

雇佣法律关系的主要法律特征：

1. 雇佣关系双方的权利义务是一方提供劳务、另一方支付报酬，但不属于《劳动合同法》以及《工伤保险条例》调整的劳动关系。

2. 雇佣法律关系具有临时性。

3. 雇员受雇主控制、指挥、监督是雇佣关系存在的基础。

自我国《劳动法》颁布至今，虽然其规定的劳动关系得到调整，可是仍有几类特殊关系处于实体法缺位状态，我国雇佣关系已经大量存在。而且，现实中可能还会有其他典型的雇佣关系没有法律予以调整。在司法实践中这一类劳动关系发生纠纷，多由《民法通则》来加以调整。某种程度上雇佣关系在法律通用上的缺位往往使劳动者的权益得不到有效保障。

劳动关系与雇佣关系的不同主要表现在以下几个方面：

（1）用工主体的范围不同。

（2）主体地位不同，雇佣关系中主体地位是平等的，劳动关系主体双方具有管理上的隶属关系。

（3）国家对两者的干预程度不一样，简单来说就是对雇佣关系干预较少，对劳动关系干预较多。

（4）发生纠纷后的处理机制不同，雇佣关系中发生的纠纷应当按照民事争议处理，而劳动争议的解决则应该按照劳动法的相关规定解决。按照现行的劳动法律规范，发生劳动争议必须先进行劳动仲裁，如果不服仲裁才能向法院起诉。而雇佣关系中发生纠纷，可以直接向人民法院起诉，不需要经过仲裁程序。

（5）劳动者在工作过程中遭受人身损害，用人单位与雇主所承担的赔偿责任不同。

（6）在发生劳动争议时举证责任不同。

No.123 劳动关系与劳务关系有何区别?

劳务关系是劳动者与用工者根据口头或者书面约定，由提供劳务者向用工者提供一次性的或者是特定的劳务服务，用工者依约向劳动者支付报酬的一种有偿服务的法律关系。

1.劳动关系主体与劳务关系主体的区别

主体范围不同。劳动关系中的一方应是符合法定条件的用

人单位，另一方只能是自然人，而且必须是符合劳动年龄条件，且具有与履行劳动合同义务相适应的能力的自然人；劳务关系的主体类型较多，如可以是两个用人单位，也可以是两个自然人。法律法规对劳务关系主体的要求，不如对劳动关系主体要求的那么严格。

2.当事人之间在隶属关系方面的区别

处于劳动关系中的用人单位与劳动者之间存在着隶属关系是劳动关系的主要特征。隶属关系的含义是指劳动者成为用人单位中的一员，即劳动者成为该用人单位的职工或员工（以下统称职工）。而劳务关系中，不存在一方当事人是另一方当事人的职工这种隶属关系。如某一居民使用一名按小时计酬的家政服务员，家政服务员不可能是该户居民家的职工，与该居民也不可能存在劳动关系。

3.当事人之间在承担义务方面的区别

劳动关系中的用人单位必须按照法律法规和地方规章等为职工承担社会保险义务，且用人单位承担其职工的社会保险义务是法律的确定性规范；而劳务关系中的一方当事人不存在必须承担另一方当事人社会保险的义务，如居民不必为其雇佣的家政服务员承担缴纳社会保险的义务。

4.用人单位对当事人在管理方面的区别

劳动关系中，用人单位具有对劳动者违章违纪行为进行处理的管理权。如对职工严重违反用人单位劳动纪律和规章制度、严重失职、徇私舞弊等行为进行处理，有权依据其依法制定的规章制度解除当事人的劳动合同，或者对当事人给予警告、记过、降级等处分；劳务关系中的一方对另一方的处理虽然也有不再使用的权利，或者要求当事人承担一定的经济责任，但不含当事人一方取消另一方当事人本单位“身份”这一形式，即不包括对其解除劳动合同或给予其他纪律处分形式。

5.在支付报酬方面的区别

劳动关系中的用人单位对劳动者具有行使工资、奖金等方面的分配权利。分配关系通常表现为劳动报酬范畴的工资和奖金，以及由此派生的社会保险关系等。用人单位向劳动者支付的工资应遵循按劳分配、同工同酬的原则，必须遵守当地有关最低工资标准的规定；而在劳务关系中的一方当事人向另一方支付的报酬完全由双方协商确定，当事人得到的是根据权利义务平等、公平等原则事先约定的报酬。

No.124 劳务关系与雇佣关系有何区别?

1. 双方当事人之间的人身支配与服从管理关系不同

雇佣关系中雇主与雇员之间的地位是不平等的，双方之间具有支配与服从的关系，雇佣人必须为受雇人提供合理的劳动条件和安全保障，同时对其工作进行监督管理，受雇人则需听从雇佣人的安排，按其意志提供劳务。劳务关系中双方只形成劳动力的支配与被支配关系，并不存在服从管理与被服从管理关系。

2. 提供劳动和支付报酬的内容不同

雇佣关系中，雇工所付出的主要是劳动力，当然也包含一定的技术成果，但通常其技术含量比较低，其报酬成分也比较单一，仅仅包括劳动力的价值。雇主享有雇工劳动的一切成果，这种成果不是雇主付酬的直接对象。

劳务关系中劳动者只提供单纯的劳动服务，所获报酬也仅是劳动力的价值。

No.125 名为劳务合同实为劳动合同怎么处理？

在实践中有些用人单位在与受聘人员签订合同时，为了排除自己的义务（例如给劳动者支付社会保险费的义务等），将劳动合同改名为劳务合同。依据《劳动和社会保障部关于确立劳动关系有关事项的通知》（劳社部发［2005］12 号）的规定，用人单位招用劳动者未订立书面劳动合同，但同时具备下列情形的，劳动关系成立。

1．用人单位和劳动者符合法律、法规规定的主体资格；

2．用人单位依法制定的各项劳动规章制度适用于劳动者，劳动者受用人单位的劳动管理，从事用人单位安排的有报酬的劳动；

3．劳动者提供的劳动是用人单位业务的组成部分。

No.126 招聘广告的法律效力？如何决定？

我国《合同法》规定了当事人订立合同须采取要约、承诺的方式，要约和承诺，是合同成立的基本规则和必经程序。《劳动合同法》对此虽然没有明确规定，但劳动合同也应遵循经济合同成立的基本规则。要约是希望和他人订立合同的意思表示，该“意思表示”必须向特定的人作出，其内容应当明确具体，并表明经受要约人承诺，要约人即受该意思表示约束，合同即告成立。招聘广告因不具备要约的基本条件，故不属于要约，而是要约邀请。要约邀请是希望他人向自己发出要约的意思表示，是订立合同的预备行为。用人单位的招聘广告，是向社会上的不特定的人发出的，希望有人向其发出签订劳动合同的要约。劳动者看到招聘广告后前去应聘，是向该公司发出愿意以其广告中言明的条件与之签订劳动合同的要约。此后，双方面试及协商签约事宜的过程，实质上是一个要约、反要约的过程。最后，用人单位提供格式劳动合同，这又是一个要约，劳动者在合同上签字属于承诺，至此劳动合同成立，双方的权利和义务受该劳动合同调整。

综上所述，受聘的劳动者如果希望用人单位履行招聘广告中的义务，就需要在签订劳动合同时，将广告内容作为要约提出，如果对方承诺，劳动合同成立，该合同的订立当事人便受该条款的约束。

No.127 设计招聘广告应该注意哪些地方？

招聘广告内容设计应注意以下几点：

1. 客观真实

真实是广告内容设定的首要原则。招聘的企业必须保证招聘广告的内容客观 真实，并且要对虚假广告承担法律责任。对广告中所涉及的对录用人员的劳动合同、薪酬、福利等政策等不能做虚假承诺。招聘信息应当是人才资源需求的客观反映，必须真实地反映企业人力资源的需求情况，反映企业的现状和发展趋势。招聘广告中不能用企业无法遵守的承诺来误导应聘者，对于晋升机会、挑战、责任等要诚实列出，给人以可信度，树立以诚待人的企业形象。

2. 合法

招聘广告中出现的信息要符合国家及地方的法律法规和政策，杜绝发布违法信息。这个违法包括实体违法和程序违法，比如不具备境外劳务派遣的单位招聘员工到境外工作或者广告招聘非法从业人员等不符合公序良俗甚至是违法的招聘内容。程序违法包括招聘广告通过非正常途径向受众发送，比如非法招聘。一般来说各地区都会依据《广告法》制定相应的人才市场管理规定等法规，企业的人力资源部门应当仔细研读。

No.128 招聘广告中如何避免就业歧视?

就业歧视一直是各国宪法和法律所禁止的，我国也不例外。《就业促进法》规定："用人单位招用人员、职业中介机构从事职业中介活动，应当向劳动者提供平等的就业机会和公平的就业条件，不得实施就业歧视。”因此企业招聘广告内容要避免就业歧视，可以采用以下措施：

1. 用人单位应该合理确定招聘条件，就业歧视是对劳动者平等权的侵害，如果公司想避免其招聘广告所确定的条件构成就业歧视，就应该承担证明其招聘条件具有正当性和合理性的责任，因此岗位特点、就业需求是确定招聘条件的重要因素。

2. 招聘广告中关于招聘条件的用语要尽量趋于缓和不要采用刚性的标准。目前我们国家对于就业歧视没有明确的规定，为此司法实务中，是否构成就业歧视几乎完全依赖法官的自由裁量。因此，公司应该合理通过招聘广告设置和表达招聘条件，如多使用“优先”、“择优”等字限，最终的选择应该是基于对应聘者进行评估和考核之后的合理选择，而非基于某一个刚性标准。

用人单位对招聘广告中的部分内容，如果无法确定是否可能涉及就业歧视时，应该做到慎重表述或者不表达。

No.129 用人单位与在校大学生签订劳动合同的效力如何认定？

大学生能否与企业签订劳动合同，在司法实践中对这个问题有两种观点，一种观点认为在校大学生只要没有毕业，就不是劳动法意义上的劳动者，不能与企业签订劳动合同，其在企业工作过程中不能够享受社保等福利待遇。第二种观点认为，在校大学生已经年满 16 周岁，具有劳动的权利能力和行为能力，理应成为劳动合同法意义上的劳动者，依照民法原理，法不禁止即允许，法律未禁止在校大学生于毕业前参加工作，就应当认为在校大学生可以与企业签订劳动合同，并受到法律的保护。

我们认为大学生毕业前可以与用人单位签订《劳动合同》，但不表明双方已经建立劳动关系。只有大学生毕业后实际到用人单位报到上班，劳动关系自用工之日起建立；若大学生毕业后未实际履职；则劳动关系并未形成，双方的争议只能按民事法律关系来调整。

No.130 设立中的公司若用工行为发生争议是不是劳动争议?

我国法律对设立中的公司的用工问题未作出限制性或禁止性规定，因而设立阶段的公司就有可能会成为用工的主体。公司在设立过程中，发起人以设立中的公司的名义招用劳动者，从事公司设立过程中的必要事项，以此来实现公司设立的目的。设立中公司用工行为是公司设立过程中的客观需要，否则公司有可能设立失败，尽管设立中的公司不是《劳动合同法》规定的用人单位，但不能否认设立中的公司和劳动者之间的用工行为，其与劳动者之间的关系应当被认定为劳动关系。

我们认为设立中的公司与劳动者签订的合同应是效力待定的合同。一方面，设立中的公司不具备权利能力和行为能力，因为筹备组与劳动者签订的劳动合同不是有效的劳动合同。另一方面，公司能否设立成功尚不确定，故而设立中的公司虽然不具备权利能力和行为能力，但设立中的公司订立的合同并不当然无效，一旦公司设立成功，则筹备组与职工签订的劳动合同就会发生法律规定的效力，劳动合同即成为有效合同，这些员工也将成为公司的职员，与公司形成长期而稳定的劳动关系。如果设立中的公司由于种种原因未设立成功，那么设立过程中发生的用工关系如何处理呢？依据原劳动和社会保障部办公厅《关于用人单位筹备组与职工发生劳动争议有关问题意见的函》规定："用人单位在组建过程中，其筹备组与职工发生劳动争议的，筹备组和发起人（法人）共同作为劳动争议主体，承担连带责任。"可见，为切实保护劳动者权益，防止相关单位以主体不适格为由逃避推诿责任，我国相关立法在认定劳动关系时对"用人单位"的内涵作了扩大解释。筹备组与发起人为劳动合同的用人单位承担相应的责任。依据发起人的构成不同分别处理：①当发起人全是自然人时，因为发起人不是用人单位，所以应当按照劳动法关于无效劳动合同的规定，由发起人依照劳动法律规定，向劳动者支付劳动报酬、经济补偿、赔偿金及承担损害赔偿责任。②当发起人是企业组织时，由于企业组织一般是劳动法律意义上的用人单位，所以应当依据劳动法律的规定，由发起人承担劳动法律责任。③当发起人中既有自然人又有企业组织时，由发起人签订了发起协议，司法实践中通常参照合伙，由发起人承担民事责任，可以根据劳动者的意愿，由其选择责任承担人。

No.131 招用劳动者时能否扣押劳动者身份证或其他证件？

实践中，有些用人单位为防止劳动者在工作中不辞而别给用人单位造成损失，在招用劳动者时要求劳动者提供担保或者向劳动者收取风险抵押金。劳动监察部门对这种违法行为进行了查处。有的用人单位为规避法律，不向劳动者收取抵押金，转而采取了一些变相的方法或手段，达到向员工收取抵押金的目的，如服装费、电脑费、住宿费、培训费、集资款（股金）等。有的用人单位滥用强势地位，限制劳动者合理流动，通过扣押劳动者的居民身份证或者其他证件，如暂住证、资格证书和其他证明个人身份的证件等，以达到目的。针对实践中用人单位的这些侵害劳动者合法权益的行为，《劳动合同法》对这些非法行为作了禁止性规定。

《劳动合同法》第84条规定了用人单位的法律责任，用人单位违反本法规定，扣押劳动者身份证等证件的，由劳动行政部门责令限期退还劳动者本人，并依照有关法律规定给予处罚。用人单位违反本法规定，以担保或者其他名义向劳动者收取财物的，由劳动行政部门责令限期退还劳动者本人，并以每人500元以上2000元以下的标准处以罚款；给劳动者造成损害的，应当承担赔偿责任。

No.132 哪些条款是劳动合同中的必备条款？

劳动合同有必备条款以及约定条款，劳动合同必备条款是劳动合同中与劳动者切身利益关系最密切的内容，各国劳动法对劳动合同的必备条款都有规定。

我国《劳动合同法》第十七条规定劳动合同应当具备以下条款：

（1）用人单位的名称、住所和法定代表人或者主要负责人；

（2）劳动者的姓名、住址和居民身份证或者其他有效身份证件号码；

（3）劳动合同期限；

（4）工作内容和工作地点；

（5）工作时间和休息休假；

（6）劳动报酬；

（7）社会保险；

（8）劳动保护、劳动条件和职业危害防护；

（9）法律、法规规定应当纳入劳动合同的其他事项。

劳动合同除前款规定的必备条款外，用人单位与劳动者可以约定试用期、培训、保守秘密、补充保险和福利待遇等其他事项。

No.133 劳动合同法上的服务期指的是什么？

《劳动合同法》第 22 条规定了关于服务期的基本规定。用人单位为劳动者提供专项培训费用，对其进行专业技术培训的，可以与该劳动者订立协议，约定服务期。劳动者违反服务期约定的，应当按照约定向用人单位支付违约金。违约金的数额不得超过用人单位提供的培训费用。用人单位要求劳动者支付的违约金不得超过服务期尚未履行部分所应分摊的培训费用。用人单位与劳动者约定服务期的，不影响按照正常的工资调整机制提高劳动者在服务期期间的劳动报酬。

No.134 约定服务期培训的条件有哪些?

用人单位与劳动者订立协议，约定服务期的培训是有严格的条件的。

用人单位提供专项培训费用。按照国家规定，用人单位必须按照本单位工资总额的一定比例提取培训费用，用于对劳动者的职业培训，这部分培训费用的使用不能作为与劳动者约定服务期的条件。同时，这笔专项培训费用的数额应当是比较大的，这个数额到底多高，劳动合同法没有规定一个具体的数额，主要是考虑各地区、各企业之间情况不一样，很难划出一个统一的尺度。由各地方细化本地区的具体数额比较好操作。

对劳动者进行的是专业技术培训，包括专业知识和职业技能。比如从国外引进一条生产线、一个项目，必须有能够操作的人，为此，把劳动者送到国外去培训，回来以后干这个活，这个培训就是本条所指的培训。用人单位对劳动者进行必要的职业培训不可以约定服务期，也就是说不包括职业培训。

至于培训的形式，可以是脱产的，半脱产的，也可以是不脱产的。在实践中，用人单位往往因某个项目或者某种技术革新，给员工提供费用较大的培训，但脱产时间一般不会很长，更多地采取非脱产方式的专业技术培训。

No.135 竞业限制的适用范围及使用条件有哪些？

《劳动合同法》第 24 条规定："竞业限制的人员限于用人单位的高级管理人员、高级技术人员和其他负有保密义务的人员。竞业限制的范围、地域、期限由用人单位与劳动者约定，竞业限制的约定不得违反法律、法规的规定。在解除或者终止劳动合同后，前款规定的人员到与本单位生产或者经营同类产品、从事同类业务的有竞争关系的其他用人单位，或者自己开业生产或者经营同类产品、从事同类业务的竞业限制期限，不得超过二年。"

为了保护劳动者的合法权益，本条在强调约定的同时对竞业限制进行了必要的限制：

1. 竞业限制的人员限于用人单位的高级管理人员、高级技术人员和其他负有保密义务的人员。竞业限制实际上限于知悉用人单位商业秘密和核心技术的人员，不可能面对每个劳动者，企业也无力承受给每人一份经济补偿金。

2. 竞业限制的范围要界定清楚。由于竞业限制限制了劳动者的劳动权利，竞业限制一旦生效，劳动者要么改行，要么赋闲在家，因此不能任意扩大竞业限制的范围。原则上，竞业限制的范围、地域，应当以能够与用人单位形成实际竞争关系的地域为限。

3. 约定竞业限制必须是保护合法权益所必需。自由竞争和贸易自由是市场经济的基本原则，竞业限制本身是对自由竞争的一种限制。因此，竞业限制的实施必须以正当利益的存在为前提，必须是保护合法权益所必需。

4. 在解除或者终止劳动合同后，受竞业限制约束的劳动者到与本单位生产或者经营同类产品、业务的有竞争关系的其他用人单位，或者自己开业生产或者经营与本单位有竞争关系的同类产品、业务的竞业限制期限不得超过 2 年。

No.136 竞业限制及劳动者解除竞业限制的条件是什么？

竞业限制是指劳动者在离职后的一定期限内，不得到与本单位生产或经营同类产品，从事同类业务的有竞争关系的其他用人单位工作，或者自己开业生产或经营同类产品，从事同类业务。《劳动合同法》第 23 条规定，用人单位与劳动者可以在劳动合同中约定保守用人单位的商业秘密和与知识产权相关的保密事项。对负有保密义务的劳动者，用人单位可以在劳动合同或者保密协议中与劳动者约定竞业限制条款，并约定在解除或者终止劳动合同后，在竞业限制期限内按月给予劳动者经济补偿。也就是说，用人单位要求劳动者承担竞业限制义务的，用人单位应当支付经济补偿金，但经济补偿金应当是劳动者离职后按月支付。只有用人单位支付经济补偿金，竞业限制才具有法律效力。由此可见，劳动者有权解除竞业限制协议，但必须满足以下两个条件：①用人单位不按协议约定支付经济补偿金；②劳动者须向用人单位提出支付的要求。

No.137 哪些情况下用人单位可以和劳动者在劳动合同中约定违约金？

《劳动合同法》第25条规定："除本法第二十二条和第二十三条规定的情形外，用人单位不得与劳动者约定由劳动者承担违约金。"

实践中很多用人单位动辄在劳动合同中对劳动者约定高额违约金，以此"圈"住劳动者，而不是通过适当的待遇和和谐的劳动关系留住劳动者。其中最常见的是就对劳动合同期限的履行约定违约金。因此，《劳动合同法》规定除本法第二十二条和第二十三条规定的情形外，用人单位不得与劳动者约定由劳动者承担违约金。违约金，是指合同当事人约定在一方不履行合同时向另一方支付一定数额的货币。这种民事责任形式只有在合同当事人有约定或法律有直接规定时才能适用，当事人一方不能自行规定所谓违约金。违反本条规定，用人单位与劳动者径自约定劳动者违反劳动合同违约金责任，约定无效。

No.138 用人单位在用工之前签订劳动合同应注意的问题？

对于劳动合同签订在前、用工在后的情形，劳动关系建立之日为用工之日，即劳动合同签订早于劳动关系建立。而在劳动合同签订之后至实际用工之日这段时间，用人单位不需要承担劳动法上的义务，原因是双方的劳动关系还没有建立，双方签订的劳动合同，只具有合同的约束力。如双方签订劳动合同后、在用工之前，“劳动者”生病的，用人单位不需要给病假工资。再如，用人单位在劳动合同签订后用工之前解除劳动合同的，用人单位也不需要给“劳动者”经济补偿金，如果有违约行为的，只需承担违约责任即可。简言之，劳动合同签订之后至用工之日这段时间，只适用民事法律领域的合同法规则，不适用劳动法。

No.139 用人单位在用工之日起 1 个月签订劳动合同应注意的问题？

《劳动合同法》第 10 条第 2 款规定，已建立劳动关系，未同时订立书面劳动合同的，应当自用工之日起一个月内订立书面劳动合同。由此可见，用人单位自用工之日起 1 个月内与劳动者签订书面劳动合同的，用人单位没有任何法律责任，这是法律规定的宽限期。但是这 1 个月也是法律规定的底线，即用人单位用工的，最迟应在用工之日起的 1 个月内与劳动者签订劳动合同。如果劳动者不愿意签订劳动合同，用人单位可以终止用工，且不需要支付经济补偿金。因为依据《劳动合同法实施条例》第5条规定，自用工之日起1个月内，经用人单位书面通知后，劳动者不与用人单位订立书面劳动合同的，用人单位应当书面通知劳动者终止劳动关系，无需向劳动者支付经济补偿，但是应当依法向劳动者支付其实际工作的劳动报酬。

No.140 用人单位在用工之日起1年内签订劳动合同应注意的问题？

用人单位可能会超过1个月还未与劳动者签订劳动合同。对此《劳动合同法》第82条规定，用人单位自用工之日起超过1个月不满1年未与劳动者订立书面劳动合同的，应当向劳动者每月支付二倍的工资。《劳动合同法实施条例》第6条进一步规定，用人单位自用工之日起超过1个月不满1年未与劳动者订立书面劳动合同的应当依照《劳动合同法》第82条的规定向劳动者每月支付两倍的工资，并与劳动者补订书面劳动合同。需要指出的是，第一个月未签书面劳动合同的，不需要支付双倍工资，因为这是法律规定的宽限期，对此，《劳动合同法实施条例》第6条第2款规定，前款规定的用人单位向劳动者每月支付两倍工资的起算时间为用工之日起满一个月的次日，截止时间为补订书面劳动合同的前一日。

提醒用人单位注意，用工超过1个月未订立劳动合同的，无论是用人单位的原因，还是劳动者的原因，对用人单位来说都需要支付高昂的用工成本。

No.141 用人单位在用工之日起满1年签订劳动合同应注意的问题？

《劳动合同法》第14条第3款规定，用人单位自用工之日起满一年不与劳动者订立书面劳动合同的，视为用人单位与劳动者已订立无固定期限劳动合同。由此可见，用人单位自用工之日起满1年还未与劳动者签订劳动合同的，视为双方成立了无固定期限劳动合同。对于这一问题，《劳动合同法实施条例》第7条进一步作出了规定，用人单位自用工之日起满一年未与劳动者订立书面劳动合同的，自用工之日起满一个月的次日至满一年的前一日应当依照《劳动合同法》第82条的规定向劳动者每月支付两倍的工资，并视为自用工之日起满一年的当日已经与劳动者订立无固定期限劳动合同，应当立即与劳动者补订书面劳动合同。

No.142 与用人单位已建立劳动关系但未订立书面劳动合同时劳动报酬应当如何确定？

《劳动合同法》第10条规定“用人单位未在用工的同时订立书面劳动合同，与劳动者约定的劳动报酬不明确的，新招用的劳动者的劳动报酬按照集体合同规定的标准执行；没有集体合同或者集体合同未规定的，实行同工同酬。”该条是专门针对用人单位已建立劳动关系，一个月内未订立书面劳动合同情形所作的规定。

一、按照集体合同规定的标准执行。集体合同是指企业职工一方与用人单位就劳动报酬、工作时间、休息休假、劳动安全卫生、保险福利等事项，通过平等协商达成的书面协议。集体合同实际上是一种特殊的劳动合同，它具有以下几个方面的特征：第一，它是一项劳动法律制度；第二，它适用于各类不同所有制企业；第三，集体合同的订立，主要通过劳动关系双方的代表或双方的代表组织自行交涉解决；第四，集体合同制度的运作十分灵活，没有固定模式，并且经法定程序订立的集体合同，对劳动关系双方具有约束力；第五，集体合同制度必须遵循的一项重要原则，就是劳动关系双方在平等自愿的基础上相互理解和相互信任。集体合同制度对于保障劳动者的权益，调整和协调劳动关系发挥了很大作用，其中一项重要的作用，就是弥补劳动合同的空白。对于一些双方当事人没有在劳动合同中约定的事项，可以依照集体合同规定的标准来确定。在用人单位和劳动者还没有订立劳动合同，约定的劳动报酬不明确的情况下，就可以按照集体合同规定的劳动报酬标准来确定。集体合同可以是企业集体合同，也可以是行业性或者区域性集体合同。

二、按照同工同酬原则确定劳动报酬。目前，我国的集体合同制度不发达，绝大多数企业没有集体合同，行业性、区域性集体合同也刚刚起步。如果用人单位与劳动者尚未订立劳动合同，约定的劳动报酬不明确，在没有集体合同的情况下，依照《劳动合同法》的规定，用人单位应当对劳动者实行同工同酬。同工同酬是劳动法确立的一项分配原则。《劳动法》第 46 条规定，工资分配应当遵循按劳分配原则，实行同工同酬。同工同酬就是指用人单位对于同一工作岗位、付出相同劳动的劳动者，应当支付大体相同的劳动报酬。同工同酬是一个原则，是相对的，不是绝对的，即使是同一工作岗位的劳动者，也有资历、能力、经验等方面的差异，劳动报酬有一些差别，只要大体相同，也不违反同工同酬原则。

No.143 劳动合同中对劳动报酬约定不明确应如何解决？

劳动报酬是劳动者提供劳动的回报，是劳动合同的主要内容，也是劳动者主要的合同权利，一般情况下，在订立劳动合同时，劳动报酬应当是明确的。为了保护自己的合法权益，劳动者在订立劳动合同时，约定劳动报酬一定要明确、具体。包括明确劳动报酬的种类、金额、支付方式、支付时间以及拖欠劳动报酬的法律后果等相关内容。但是，实践中有些用人单位在订立劳动合同时，对劳动报酬进行模糊处理，或者只作口头约定，在支付劳动报酬时引发争议。根据本条的规定，劳动报酬约定不明确，引发争议的，应当按照如下办法解决：①用人单位与劳动者重新协商。劳动合同的内容本来就是合同双方协商确定的，劳动报酬约定不明确，最好的解决方式就是双方重新协商。②适用集体合同的规定。根据《劳动合同法》第 51 条的规定，企业职工一方与用人单位通过平等协商，可以就劳动报酬、工作时间、休息休假、劳动安全卫生、保险福利等事项订立集体合同。依法订立的集体合同对用人单位和劳动者具有约束力。因此，如果协商不成，用人单位又有集体合同的，就应当适用集体合同的规定。③按照同工同酬原则确定。没有集体合同或者集体合同未规定劳动报酬的，用人单位应当对劳动者实行同工同酬。目前，我国的集体合同制度不发达，多数企业没有集体合同，行业性和区域性集体合同也很少；或是虽然有集体合同但其中并没有关于劳动报酬的约定，在这种情况下，用人单位在确定劳动报酬时应当遵循同工同酬的原则。同工同酬是劳动法确立的分配原则，《劳动法》第 46 条规定："工资分配应当遵循按劳分配原则，实行同工同酬。"即用人单位对相同或者相近的工作岗位的劳动者支付大体相同的劳动报酬。

No.144 劳动合同中对劳动条件的约定不明应如何解决？

劳动合同法中的劳动条件条款要求用人单位必须按照国家安全、卫生法规的标准为劳动者提供必要劳动保护和工作条件，从而使劳动者能够顺利完成劳动合同约定的工作任务。劳动条件是劳动者顺利履行劳动合同的重要条件，也是用人单位的重要义务，必须约定得明确具体，否则难以保障劳动者的合法权益。如果劳动条件等标准约定不明确，引发争议的，应当按照以下办法解决：①协商解决。在劳动条件等标准约定不明确从而引发争议的情况下，用人单位与劳动者可以就这些不明确的事项重新进行协商，重新加以明确。②适用集体合同的规定。如果用人单位与劳动者无法达成一致，不能重新确定劳动条件等标准，可以适用集体合同中约定的标准。③适用国家有关规定。没有集体合同或集体合同未规定劳动条件等标准的，应当按照国家有关规定来确定相应事项的标准。除了劳动法，还有很多其他法律、法规对劳动条件等事项作出了相关规定。如《安全生产法》规定，生产经营单位应当具备本法和有关法律、行政法规和国家标准或者行业标准规定的安全生产条件；不具备安全生产条件的，不得从事生产经营活动。2012 年 4 月 28 日公布施行的《女职工劳动保护特别规定》，明确规定了女职工禁忌从事的劳动范围。对于工作时间约定不明的情况，可以按照《国务院关于职工工作时间的规定》的规定执行；对于职业危害防护约定不明的情况，可以适用《职业病防治法》、《职业病范围和职业病患者处理办法的规定》的有关规定。

No.145 集体合同与劳动合同的区别有哪些？

《劳动合同法》第 51 条是关于集体合同的内容和集体合同的订立的规定。集体合同，是指工会或职工代表代表全体职工与用人单位之间根据法律、法规的规定，就劳动报酬、工作时间、休息休假、劳动安全卫生、保险福利等事项，在平等协商一致的基础上签订的书面协议。集体合同与劳动合同相比存在明显不同，它们主要有以下区别：①当事人不同。劳动合同当事人为单个劳动者和用人单位；集体合同当事人为劳动者团体和用人单位或其团体，故又称团体协议或团体合同。②目的不同。订立劳动合同的主要目的是确立劳动关系；订立集体合同的主要目的，是为确立劳动关系设定具体标准，即在其效力范围内规范劳动关系。③内容不同。劳动合同以单个劳动者的权利和义务为内容，一般包括劳动关系的各个方面；集体合同以集体劳动关系中全体劳动者的共同权利和义务为内容，可能涉及劳动关系的各个方面，也可能只涉及劳动关系的某个方面。④形式不同。劳动合同在有的国家为书面合同，在有的国家则书面合同与口头合同并存；集体合同一般为书面合同。⑤效力不同。劳动合同对单个的用人单位和劳动者有法律效力；集体合同对签订合同的单个用人单位或用人单位所代表的全体用人单位，以及工会和工会所代表的全体劳动者，都有法律效力。并且，集体合同的效力一般高于劳动合同的效力。此外，它们在签订程序和适用范围等方面也有所不同。同时，集体合同具有劳动法规和劳动合同所无法取代的功能。一方面，集体合同可以弥补劳动立法的不足。另一方面，集体合同可以弥补劳动合同的不足。

No.146 用人单位与劳动者之间的劳动关系何时确立？

《劳动合同法》第7条规定，用人单位自用工之日起即与劳动者建立劳动关系。《劳动合同法》第 10 条规定，建立劳动关系，应当订立书面劳动合同。从这两条的规定来看，劳动关系成立与否的标准是“用工”，只要用人单位在用工，劳动者在提供劳动，双方之间的劳动关系就建立了。而双方建立劳动关系的，则需要订立书面劳动合同。在实践中，用工与劳动合同的签订往往不具有同步性，劳动合同的签订可能在用工之前，也可能在用工之后。

No.147 如何认定事实劳动关系？

《劳动合同法》从以下几个方面对事实劳动关系加以规范和制约：

第一，《劳动合同法》第 10 条规定：“建立劳动关系，应当订立书面劳动合同。已建立劳动关系，未同时订立书面劳动合同的，应当自用工之日起一个月内订立书面劳动合同。”《劳动合同法》对没有签订书面劳动合同而形成的事实劳动关系采取了认可的态度。

第二，对于无效劳动合同而形成的事实劳动关系，《劳动合同法》也采取了认可的态度。《劳动合同法》第 28 条规定：“劳动合同被确认无效，劳动者已付出劳动的，用人单位应当向劳动者支付劳动报酬。劳动报酬的数额，参照本单位相同或者相近岗位劳动者的劳动报酬确定。”

第三，与《劳动法》相比，《劳动合同法》增加了对因为订立书面劳动合同而形成的事实劳动关系的认定和处理方式。《劳动合同法》第 14 条第 3 款规定：“用人单位自用工之日起满一年不与劳动者订立劳动合同的，视为用人单位与劳动者已订立无固定期限劳动合同。”这就表明法律认可了因未签订书面劳动合同而形成的事实劳动关系的有效，同时明确了处理方式。

No.148 事实劳动关系有哪几种?

事实劳动合同主要有以下几类：

（1）劳动者已经在用人单位工作，但没有签订劳动合同的。

（2）用人单位与劳动者签订的劳动合同期满，双方没有续签劳动合同没有办理终止手续，劳动者继续在用人单位工作的。

（3）劳动者严重违反规章制度擅自离职、没有办理劳动合同解除手续的。

（4）由于企业改制导致劳动合同与实际履行的劳动关系不配套而形成事实劳动关系的。

（5）劳动者与用人单位签订的劳动合同是无效劳动合同而与用人单位形成事实劳动关系。

由于劳动合同法加强了书面劳动合同管理，因此对于事实劳动关系，不管其产生的原因是什么，大幅度提高了惩罚的标准，从法律角度来看，可以概指为合法阶段——非法阶段——合法阶段等三个阶段，且三个阶段的法律责任各不相同。

第一阶段：从用工之日起一个月内没有签订书面劳动合同，法律允许用人单位在用工之日起一个月内补签劳动合同，此阶

段称之为合法阶段，用人单位应当在一个月内尽快补签。如果用人单位书面通知劳动者签订合同遭拒绝的，用人单位可以书面通知劳动者终止劳动关系。如果用人单位在此阶段没有补签劳动合同也没有终止与劳动者的事实劳动关系，那就进入第二个阶段。

第二阶段：从用工之日起满一个月未满一年没有签订书面劳动合同的，法律规定用人单位应当向劳动者每月支付两倍的工资，此阶段称之为非法阶段，法律责任相对比较大。由于此违法状态一直持续到签订书面劳动合同时为止，因此用人单位向劳动者每月支付两倍的工资也持续到此时为止。此时用人单位可以书面通知劳动者终止劳动关系。如果用人单位在此阶段没有补签劳动合同也没有终止与劳动者的事实劳动关系，那就进入第三个阶段。

第三阶段：从用工之日起满一年没有签订书面劳动合同的，法律直接视为用人单位与劳动者已订立无固定期限劳动合同。既然已经订立，当然这阶段也是合法了。由于只是没有签订书面劳动合同从而导致产生无固定期限劳动合同，对用人单位的用工管理影响也是巨大的，将承担较大的劳动力成本，应当引起足够的重视。

No.149 劳动者在试用期内用人单位可以与其解除劳动合同吗？

关于试用期解除合同的问题，《劳动合同法》第 21 条规定，除劳动者有本法第 39 条和第 40 条第 1、2 项的情形外，用人单位不得解除劳动合同，由此可知，国家对用人单位是否可以在劳动者试用期内解除劳动合同的情形进行了严格的规定。

《劳动合同法》第 39 条规定的情形包括：①在试用期间被证明不符合录用条件的；②严重违反用人单位的规章制度的；③严重失职，营私舞弊，给用人单位造成重大损害的；④劳动者与其他用人单位建立劳动关系，对完成本单位的工作任务造成严重影响，或经用人单位提出，拒不改正的；⑤以欺诈、胁迫的手段或者乘人之危，使对方在违背真实意思的情况下订立或者变更劳动合同的；⑥被依法追究刑事责任的。上述情况可笼统地概括为劳动者存在严重过错的，用人单位可以在劳动者试用期间内解除劳动合同，不需要向劳动者支付经济补偿。

《劳动合同法》第 40 条规定用人单位可以解除劳动合同的情形总共有 3 种情况，但依据第 21 条的规定，仅发生第 1 种和第 2 种情况时，即劳动者其非因工负伤，在规定的医疗期满后不能从事原工作，也不能从事由用人单位另行安排的工作的；劳动者不能胜任工作，经过培训或调整工作岗位，仍不能胜任工作的，用人单位才可以在其试用期间内解除劳动合同。同时注意，依据《劳动合同法》第 46 条的规定，若用人单位根据第 40 条的规定解除劳动合同的，同时应向劳动者支付解除劳动合同的经济补偿金。

综上所述，法律已明确规定了用人单位在劳动者试用期内可以解除劳动合同的情形，若用人单位超出该范围，往往会构成违法解除劳动合同。

No.150 用人单位可以约定多久的试用期?

关于试用期的期限，《劳动合同法》第 19 条规定：劳动合同期限在 3 个月以上不满 1 年的，试用期不得超过 1 个月；合同期限 1 年以上不满 3 年的，试用期不得超过 2 个月；合同期限 3 年以上和无固定期限的劳动合同，试用期不得超过 6 个月。以完成一定工作任务为期限的劳动合同或劳动合同期限不满 3 个月的，不得约定试用期。试用期包含在劳动合同期限内。实践中，一些用人单位与员工约定的试用期期限不符合法律规定，如 1 年期限的劳动合同，约定 3 个月的试用期，此时在裁判时一般仅认定第 1 个月为试用期。

No.151 劳动合同最多可以约定几次试用期?

根据《劳动合同法》第 19 条规定：“同一用人单位与同一劳动者只能约定一次试用期。”同时，第 87 条又规定：“用人单位违反本法规定解除或者终止劳动合同的，应当依照本法第 47 条规定的经济补偿标准的二倍向劳动者支付赔偿金。”

No.152 用人单位与劳动者口头约定的试用期有效吗?

试用期应当以书面形式订立，口头形式订立无效。

首先，《劳动法》第16条第2款规定："建立劳动关系应当订立劳动合同。"第19条规定："劳动合同应当以书面形式订立……"从立法逻辑看，试用期条款作为劳动合同的一部分，当事人也应该采用书面形式订立。

其次，从法社会学的角度看，口头形式约定试用期，可能会加剧用人单位利用试用期条款侵害劳动者权益的情形。

最后，口头约定试用期使得试用期具有不确定性，用人单位更有可能借机反复试用，侵害劳动者权益。

No.153 用人单位与劳动者单独签订试用期合同有效吗？

若用人单位为达到不与劳动者订立劳动合同的目的，仅仅和劳动者约定试用期或者仅仅订立试用期合同，而不与劳动者订立正式的劳动合同。其所约定的试用期无效，这个期限应该视为劳动合同的期限。

No.154 试用期间不符合录用条件的界定标准是什么？

录用条件是指用人单位在招用劳动者时，依照岗位要求提出的具体标准。用人单位针对不同的工作岗位向劳动者提出的录用条件和标准各不相同。如果劳动者在试用期内被证明不符合用人单位提出的录用条件和标准，或不能胜任劳动合同中约定的工作或岗位，依据《劳动合同法》第 39 条第 1 款规定用人单位可以与其解除劳动合同。

建议用人单位：

第一，用人单位在发布的招聘简章、招聘信息中应该明确录用条件和标准，切忌抽象化描述。

第二，用人单位应当在员工入职的时候明示告知。

第三，人单位应当建立一套完备的试用期考核制度，并且细化各项录用条件的考核指标，明确考核部门、考核时间、考核方法，客观公正地出具录用考核记录，并由员工签字确认，以满足相应的法律要件。

第四，建议用人单位对员工进行背景调查，核实员工是否提供了虚假个人信息、是否违背诚实信用原则、隐瞒应当告知用人单位的重要信息，如被证实员工有此不正当行为，用人单位可视其为不符合录用条件。

No.155 试用期内用人单位是否需要缴纳社会保险费？

缴纳社会保险费是用人单位的法定义务，自劳动关系建立时起即应当依法缴纳。《劳动法》第 73 条第 4 款规定，劳动者享受的社会保险金必须按时足额支付。依据此规定，劳动关系一旦建立，用人单位就应当依法为劳动者缴纳社会保险，试用期并非独立于劳动关系外的“特殊期”，试用期包括在劳动合同期限内。用人单位在试用期拒绝为劳动者办理社会保险的，劳动者可以向劳动和社会保障部门投诉，造成劳动者损失的，用人单位应当承担赔偿责任。按照劳动合同法的相关规定，用人单位未依法缴纳社会保险费的，劳动者有权解除劳动合同，用人单位需要支付经济补偿金。因此，试用期内用人单位也要缴纳社会保险费。

No.156 劳动者试用期不合格是否可以延长试用期？

《劳动合同法》第 19 条规定了试用期的上限，即劳动合同期限三个月以上不满一年的，试用期不得超过一个月；劳动合同期限一年以上不满三年的，试用期不得超过二个月；三年以上固定期限和无固定期限的劳动合同，试用期不得超过六个月。如果劳动者在试用期内达不到用人单位的要求，用人单位可根据《劳动合同法》第 39 条之规定以劳动者在试用期间被证明不符合录用条件为由解除劳动合同，但不得延长试用期，否则，即构成违法，用人单位需承担违约责任。

用人单位对于试用期间被考核证明不符合录用条件的劳动者，可以解除劳动合同，也可根据用人单位的具体情况不解除劳动合同，但不得附加法律以外的条件。

No.157 试用期满后，用人单位能否再以试用期内不符合录用条件为由解除劳动合同？

不能，同时，用人单位要在试用期内解除劳动合同的，实务操作中必须符合下面两个条件：

第一，需要在试用期内对劳动者是否符合录用条件进行考核，能够提供证明劳动者不符合录用条件的证据。所谓证据，司法实践中通常需要从两方面进行认定，一是用人单位对某一岗位的工作内容、工作要求即录用条件的具体描述；二是用人单位对员工在试用期内的表现客观的记录和评价。

第二，解除劳动合同的决定应当在试用期内作出并通知劳动者，超过试用期再以该理由提出解除劳动合同的将不能得到法律支持。

No.158 试用期期间的工资如何计算？

试用期期间的工资不得低于转正后工资的80%，也不得低于适时当地最低工资标准。

劳动合同签订过程中，试用期的约定是合同的一项重要内容，约定试用期既有利于用人单位对劳动者是否符合岗位要求进行全面考核，又可以使劳动者对用人单位是否符合自身要求综合衡量，对于优化劳动用工方式，促进劳动资源的合理分配具有重要意义。在试用期内，由于用人单位与劳动者的劳动关系处于非正式状态，容易出现用人单位滥用试用期侵犯劳动者权益的事件，法律对试用期间的工资做了规定。

《中华人民共和国劳动合同法》（2012 修正）第 20 条 劳动者在试用期的工资不得低于本单位相同岗位最低档工资或者劳动合同约定工资的百分之八十，并不得低于用人单位所在地的最低工资标准。第 83 条 用人单位违反本法规定与劳动者约定试用期的，由劳动行政部门责令改正；违法约定的试用期已经履行的，由用人单位以劳动者试用期满月工资为标准，按已经履行的超过法定试用期的期间向劳动者支付赔偿金。

No.159 用人单位合并或分立后劳动合同是否仍然有效?

用人单位的合并和分立不仅是现实中经常出现的情况，也是容易产生各种债权债务纠纷和劳动争议的问题。用人单位的合并一般指两种情况：一种情况是指用人单位与其他法人或者组织联合成立一个新的法人或者其他组织承担被合并的用人单位的权利和义务；另一种情况是指一个用人单位被撤销后，将其权利和义务一并转给另一个法人或者其他组织。在这两种情况下，原用人单位在合并后均不再存在。为了保护原用人单位劳动者的合法权益，合并后的法人或者其他组织作为一个新的用人单位承继了原用人单位所有的权利和义务，包括原用人单位对其劳动者的权利和义务。因此，根据《劳动合同法》第三十四条的规定，用人单位订立劳动合同后合并的，原劳动合同继续有效，由合并后的新的用人单位继续履行该劳动合同。

用人单位发生分立，是指在订立劳动合同后，用人单位由一个法人或者其他组织分裂为两个或者两个以上的法人或者其他组织，即由一个用人单位分裂为两个或者两个以上用人单位。用人单位的分立分为两种情况：一种情况是原用人单位只是分出一部分财产设立了新的用人单位，原用人单位不因分出财产而终止；另一种情况是原用人单位分解为两个以上的用人单位，原用人单位随之解体终止。为了充分保护劳动者的权利，《劳动合同法》规定了用人单位发生分立的，原劳动合同继续有效，防止用人单位以分立后原用人单位不存在或者劳动者权利和义务已经转移到新的用人单位为由损害劳动者的合法权益。

No.160 用人单位名称、法定代表人、主要负责人或者投资人等事项发生变更，劳动合同是否应继续履行？

劳动合同订立后，用人单位一些信息发生变化后的劳动合同的履行在实践中存在这种情况：有些企业、公司或者事业单位等用人单位因更改了名称或者更换法定代表人、主要负责人而拒绝履行劳动合同，还有的用人单位也借口投资主体发生了变化而拒绝履行劳动合同，这是法律所不允许的。用人单位变更名称、法定代表人、主要负责人或者投资人等事项，不影响劳动合同的效力，劳动合同应当继续履行。用人单位的名称只是代表一个用人单位的称谓符号，用人单位的名称发生变更，也只是这一称谓符号发生了变化，而用人单位这一实体组织及其内部机构、人员并没有发生任何变动，这当然不会也不应该影响劳动合同的履行。只要法人存在，原法定代表人与职工依法签订的劳动合同就依然有效。因此，劳动合同依法订立后，用人单位的法定代表人或者主要负责人变更的，原法定代表人或者主要负责人与劳动者订立劳动合同的职务行为的后果也仍然要由用人单位承担。

至于投资人的变更，也不会改变用人单位这个实体组织独立承担民事责任的性质，用人单位仍要继续履行其与劳动者已经订立的劳动合同。

No.161 哪些情况下用人单位应当向劳动者支付经济补偿金？

用人单位应向劳动者支付经济补偿金的情形包括：

1. 劳动者依据第 38 条规定解除劳动合同的。即用人单位①未按照劳动合同约定提供劳动保护或者劳动条件的；②未及时足额支付劳动报酬的；③未依法为劳动者缴纳社会保险费的；④其规章制度违反法律、法规的规定，损害劳动者权益的；⑤以欺诈、胁迫的手段或者乘人之危，使劳动者在违背真实意思的情况下订立或者变更劳动合同的。

2. 用人单位向劳动者提出解除劳动合同，并与劳动者协商一致解除劳动合同的。

3. 用人单位依据第 40 条解除劳动合同的。即①劳动者患病或者非因工负伤，在规定的医疗期满后不能从事原工作，也不能从事由用人量位另行安排的工作的；②劳动者不能胜任工作，经过培训或者调整工作岗位，仍不能胜任工作的；③劳动合同订立时所依据的客观情况发生重大变化，致使劳动合同无法履行，经用人单位与劳动者协商，未能就变更劳动合同内容达成协议的。发生上述情形之一的。用人单位提前 30 日以书面形式通知劳动者本人或者支付“代通知金”后解除劳动合同的。

4. 用人单位依据第 41 条第 1 款规定解除劳动合同的，即①依照企业破产法规定进行重整的；②生产经营发生严重困难的；③企业转产、重大技术革新或者经营方式调整，经变更劳动合同后，仍需裁减人员的；④其他因劳动合同订立时所依据的客观经济情况发生重大变化，致使劳动合同无法履行的。当发生上述情形之一时，需要裁员 20 人以上或者裁员不足 20 人但占企业职工总数 10% 以上的，用人单位提前 30 日向工会或者全体职工说明情况，听取工会或者职工的意见后，裁减人员方案经向劳动行政部门报告后裁员的。

5. 法律、行政法规规定的其他情形。

No.162 用人单位提出，双方协商一致解除劳动合同，用人单位还应支付经济补偿金吗？

《劳动合同法》第 46 条第 1 款第 2 项规定，用人单位依照第 38 条的规定向劳动者提出解除劳动合同并与劳动者协商一致解除劳动合同的，应向劳动者支付经济补偿金。依据此规定，双方协商一致是可以解除劳动合同的。

但由于提出的主体不同，法律后果则不同。若由用人单位提出解除，用人单位要向劳动者支付解除劳动合同的经济补偿金；若由劳动者本人提出，则无需向劳动者支付解除劳动合同的经济补偿金。

No.163 劳动者以用人单位未及时足额支付劳动报酬为由解除劳动合同，用人单位需要支付经济补偿吗？

《劳动合同法》第38条第1款第（2）项规定，用人单位未及时足额支付劳动报酬的，劳动者可以解除劳动合同。《劳动合同法》第46条规定，劳动者依据第38条的规定解除劳动合同的，用人单位应向劳动者支付经济补偿金。

工资是指用人单位以货币形式支付给劳动者的劳动报酬，包括计时工资、计件工资、奖金、津贴、补贴、加班工资以及特殊情况下支付的工资等。依据《劳动合同法》第46条的规定，用人单位未“足额”支付劳动者工资，劳动者以此为由提出解除劳动合同，用人单位应向其支付解除劳动合同的经济补偿金。此规定中所提及的“工资”包括基本工资、计时工资、计件工资、奖金、补贴、加班工资等，若用人单位未按约定支付上述款项时，劳动者均可提出解除劳动合同，除可要求用人单位补足工资差额外，还可要求用人单位支付解除劳动合同的

经济补偿。

No.164 劳动者违反规章制度，用人单位可以与其解除劳动合同吗？

《劳动合同法》第 4 条第 1 款规定，用人单位应当依法建立和完善劳动规章制度，保障劳动者享有劳动权利、履行劳动义务。

该条法律规定赋予了用人单位很大的管理权限，用人单位可根据自身的经营情况、人员情况等制定管理制度，制度中可针对员工的入职、培训、岗位职责、工作时间、休息休假、违纪情形、处罚措施等进行详细的规定。用人单位可以此作为对员工进行奖励、处罚乃至解除劳动合同的依据。所以，用人单位在拟制管理制度时，应充分考虑自身情况，根据自身的运营特点、人员特点等情况编制，制度内容应全面、可操作，针对处罚规定更应详细。但应注意，制度的内容不可违法。

在程序上，《劳动合同法》第 4 条第 2 款、第 3 款规定，用人单位在制定、修改或者决定有关劳动报酬、工作时间、休息休假等直接涉及劳动者切身利益的规章制度或者重大事项时，应当经职工代表大会或者全体职工讨论，提出方案和意见，与工会或者职工代表平等协商确定。在规章制度和重大事项决定实施过程中，工会或者职工认为不适当的，有权向用人单位提出，通过协商予以修改完善。

《劳动合同法》第 4 条第 4 款规定，用人单位应当将直接涉及劳动者切身利益的规章制度和重大事项决定公示，或者告知劳动者。规章制度对劳动者的适用，告知程序尤为重要，若告知程序存在瑕疵，往往会出现管理制度对员工不适用等情况，乃至用人单位根据管理制度做出的处罚决定对员工不发生法律效力。

因此，用人单位应该：

1. 管理制度内容应合法，奖惩情况应明确、详细。若规定劳动者存在严重违纪的情况时，单位可以解除劳动合同，此时，制度中应明确那些情况属于严重违纪；

2. 管理制度的制定程序应符合法律规定；

3. 管理制度应对员工进行有效送达，可在员工入职时，与劳动合同一并签收。若在劳动合同履行过程中新增规定，符合法定条件和程序；

4. 做好签收记录的存档工作。

No.165 劳动者违反法律规定的条件解除劳动合同，对用人单位造成经济损失的，是否应当承担赔偿责任？

《劳动法》第 31 条规定，劳动者解除劳动合同，应当提前 30 日以书面形式通知用人单位。但《劳动合同法》第 38 条第 2 款也规定，用人单位以暴力、威胁或者非法限制人身自由的手段强迫劳动者劳动的，或者用人单位违章指挥、强令冒险作业危害劳动者人身安全的，劳动者可以立即解除劳动合同，不需

事先告知用人单位。根据上述两条款可看出，除了《劳动合同法》第38条第2款所规定的即时性解除劳动合同的情形外，劳动者提出解除劳动合同均须提前30天告知用人单位。

劳动者若违反法律规定的条件解除劳动合同，依据《劳动法》第102条的规定，对用人单位造成经济损失的，应当依法承担赔偿责任。此时，用人单位应主要承担两部分的举证责任，首先是用人单位的经济损失是否实际发生，其次是损失的发生与劳动者的离职是否存在因果关系。

No.166 用人单位应当向劳动者支付经济补偿金的标准是如何规定的？

1. 根据劳动者在本单位工作的年限，按每满1年支付1个月工资的标准。6个月以上不满1年的，按1年计算；不满6个月的，向劳动者支付半个月工资的经济补偿；

2. 劳动者月工资高于用人单位所在直辖市、设区的市级人民政府公布的本地区上年度职工月平均工资3倍的，向其支付经济补偿的标准按职工月平均工资三倍的数额支付，向其支付经济补偿的年限最高不超过12年；

3. 劳动者在劳动合同解除或终止前12个月的平均工资低于当地最低工资标准的，按照当地最低工资标准计算。

月工资是指劳动者在劳动合同解除前十二个月的平均工资。

No.167 用人单位辞退员工，向员工送达解除通知时应该注意哪些方面？

《劳动部办公厅关于通过新闻媒介通知职工回单位并对逾期不归者按自动离职或旷工处理问题的复函》（劳办发［1995］179号）规定，企业通知职工在规定时间内回单位办理有关手续的，应以书面形式直接送达职工本人；直接送达有困难的可以邮寄送达；只有在受送达职工下落不明，或者用上述送达方式无法送达的情况下，方可公告送达；能用直接送达或邮寄送达而未用，直接采用公告方式送达的，视为无效。

该复函是原劳动部于1995年发布的，虽时间较早，但该规定至今并未废止，且在劳动争议的处理实践中具有重要的指导意义。根据该复函，用人单位如果通过新闻媒介（包括报纸公告等）通知劳动者解除劳动合同，应以三步走顺序进行，即当面通知——邮寄送达——报纸公告，此顺序不可颠倒，每步不可省略，当前一种方法不能产生法律效果时才可进行下一步。另需注意，若进行第三步时，公告之日起满60日，才能视为送达。

同时应注意，劳动者符合相关条件时，即逾期不归者、无故旷工者，用人单位才可按“三步走”的方式来通知劳动者解除劳动合同。

实践中，用人单位应该按以下顺序处理：

1. 用人单位若对假期期满后不归、无故旷工的劳动者解除劳动合同，应直接通知其本人到单位办理相关手续。

2. 联系不到劳动者本人的，可通过邮寄的方式送达通知书，邮寄地址应为有效的送达地址，可为劳动者的户口所在地、经常居住地等，用人单位应保留邮寄凭证。

3. 上述办法穷尽后，用人单位才可通过新闻媒介如报纸公告的形式向劳动者送达解除通知。

No.168 劳动合同期满，劳动合同终止时，用人单位是否应向劳动者支付经济补偿金？

《劳动合同法》第44条第（1）项规定，劳动合同期满的，劳动合同终止。该法第46条第（5）项规定，除用人单位维持或者提高劳动合同约定条件续订劳动合同，劳动者不同意续订的情形外，依照本法第44条第（1）项规定终止固定期限劳动合同的，应当向劳动者支付经济补偿金。

劳动合同期满是导致劳动关系终止情形中最普遍的一种。劳动合同期满时，双方均有权利选择是否续签，但对选择后的责任法律有着不一样的规定。若用人单位同意续签劳动合同，且条件不低于原合同约定的条件，但劳动者不同意续签的，自己放弃，用人单位则无需向其支付经济补偿金。若劳动者提出续签劳动合同的意愿，而用人单位不同意续签或者提出的条件低于劳动者原合同条件，双方不能达成一致的，则用人单位需要向劳动者支付经济补偿金。

No.169 劳动合同期满，但须顺延的情形有哪些？

依据《劳动合同法》第 42 条、第 45 条的规定，在孕期、产期、哺乳期的女职工，在规定的医疗期内的患病职工，须将合同期限延长至“三期”满和医疗期满。

《工伤保险条例》第 35 条规定，职工因工致残被鉴定为一级至四级伤残的，保留劳动关系，退出工作岗位。第 36 条规定，职工因工致残被鉴定为五级、六级伤残的，保留与用人单位的劳动关系，由用人单位安排适当工作。难以安排工作的，由用人单位按月发给伤残津贴。经工伤职工本人提出，该职工可以与用人单位解除或者终止劳动关系，由工伤保险基金支付一次性工伤医疗补助金，由用人单位支付一次性伤残就业补助金。第 37 条规定，职工因工致残被鉴定为七级至十级伤残的，劳动、聘用合同期满终止，或者职工本人提出解除劳动、聘用合同的，由工伤保险基金支付一次性工伤医疗补助金，由用人单位支付一次性伤残就业补助金。将上述规定加以总结得出结论，因工负伤被鉴定为伤残等级一级至六级的职工，与用人单位保留劳动关系，经工伤职工本人提出，该职工可以与用人单位解除或终止劳动关系。

出现上述情形时，即“三期”女职工、医疗期未满、工伤伤残等级为一级至六级的，用人单位不得提出终止劳动合同。

No.170 何为无固定期限劳动合同?

我国《劳动合同法》第 14 条规定，无固定期限劳动合同，是指用人单位与劳动者约定无确定终止时间的劳动合同。无固定期限的劳动合同是指劳动合同没有一个确切的终止时间，劳动合同的期限长短不能确定，只要没有出现双方约定或是法律规定的情形，用人单位与劳动者就要继续履行劳动合同规定的义务。与固定期限合同相比，无固定期限具有以下法律特征:

1. 劳动合同不约定合同期限，其存续期限不确定，这是无固定期限劳动合同区别于固定期限劳动合同的最显著特征。

2. 在一定条件下依法强制订立。我国《劳动合同法》第 14 条规定了必须订立无固定期限的三种强制情形，只要劳动者符合法律规定的三种情形，用人单位就必须与劳动者订立无固定期限劳动合同。而固定期限劳动合同在订立时更多地体现意思自治原则，用人单位与劳动者对合同条款进行协商并对权利义务达成一致意见即可，法律不强制干涉。

3. 具有很强的稳定性。在劳动合同履行过程中，除非出现了法律规定或是双方约定解除的情形，否则，该合同直至劳动者达到退休年龄才终止，因此，无固定期限劳动合同较之于固定期限劳动合同在解除方面限制更多，履行过程中具有很强的稳定性。

No.171 无固定期限劳动合同签订的条件是什么?

《劳动合同法》第 14 条规定，用人单位与劳动者协商一致，可以订立无固定期限劳动合同。有下列情形之一，劳动者提出或者同意续订、订立劳动合同的，除劳动者提出订立固定期限劳动合同外，应当订立无固定期限劳动合同：

1. 劳动者在该用人单位连续工作满十年的；

2. 用人单位初次实行劳动合同制度或者国有企业改制重新订立劳动合同时，劳动者在该用人单位连续工作满十年且距法定退休年龄不足十年的；

3. 连续订立二次固定期限劳动合同，且劳动者没有本法第 39 条和第 40 条第 1 项、第 2 项规定的情形，续订劳动合同的。

用人单位自用工之日起满一年不与劳动者订立书面劳动合同的，视为用人单位与劳动者已订立无固定期限劳动合同。

上述三种情形是法律规定只要是劳动者提出签订无固定期限劳动合同的用人单位就应当与劳动者签订，除非劳动者与用人单位经协商一致订立固定期限劳动合同。《劳动合同法》规定上述条款的立法本意在于保护劳动者的合法权益，避免用人单位辞退接近退休年龄的劳动者和采用签订短期劳动合同的方式侵害劳动者合法权益。

No.172 无固定期限劳动合同可以终止吗？

很多人认为，无固定期限劳动合同不存在终止的情形，这种看法是片面的，当法定终止合同条件出现时，合同当事人即可终止劳动合同。依据《劳动合同法》第44条的规定，法定终止劳动合同的条件一般包括：①劳动者开始依法享受基本养老保险待遇的；②劳动者死亡，或者被人民法院宣告死亡或者宣告失踪的；③用人单位被依法宣告破产的；④用人单位被吊销营业执照、责令关闭、撤销或者用人单位决定提前解散的。当出现上述条件之一时，即使双方签订的是无固定期限劳动合同，亦可终止合同。

关于终止劳动合同是否需要支付经济补偿金？若是单位原因，即上述情形的第3、4点，则用人单位需要向劳动者支付终止劳动合同的经济补偿金。若是劳动者原因，即上述情形的第1、2点，劳动者开始依法享受基本养老保险待遇的，劳动者死亡或者被人民法院宣告死亡或者宣告失踪的，用人单位则无须支付终止劳动合同的经济补偿金。《劳动合同法实施条例》第13条规定，用人单位与劳动者不得在《劳动合同法》第44条规定的劳动合同终止情形之外约定其他的劳动合同终止条件。

No.173 用人单位不签订劳动合同时，劳动者如何主张存在劳动关系？

《关于确立劳动关系有关事项的通知》第1条规定，用人单位和劳动者同时具备下列条件，劳动关系成立，即：符合法律、法规规定的主体资格；劳动者接受用人单位的劳动管理并从事用人单位安排的有报酬的劳动；劳动者提供的劳动是用人单位业务的组成部分。

另一个问题是关于工作起始时间的事实的认定。根据《最高人民法院关于民事诉讼证据的若干规定》的规定，因计算劳动者工作年限发生争议的，由用人单位承担举证责任。

No.174 劳动者就用人单位不签订书面劳动合同而主张双倍赔偿的时效是如何规定的？

双倍工资不属于劳动报酬，属于对用人单位的惩罚性赔偿。双方争议的时效通用《劳动争议调解仲裁法》的相关规定，从当事人知道或者应当知道其权利被侵害之日起计算一年。根据《劳动争议调解仲裁法》第27之规定，劳动争议仲裁的时效期间为一年。仲裁时效期同从当事人知道或者应当知道其权利被侵害之日起计算。劳动者在用人应签订而未签订书面劳动合同之日起，就应当知道用人单位违法，可以要求支付双倍工资。故未签订书面劳动合同的双倍工资的时效应从用人单位每月应付而未付双倍工资之次日起算，自劳动者申请仲裁之日起前溯十二个月，属于此一年时效之内的双倍工资主张人民法院应予以支持，超过一年时效者，则对超过时效月份的双倍工资主张人民法院将不再支持。

No.175 因用人单位的原因而未与劳动者签订书面劳动合同的法律后果？

我国《劳动合同法》第10条规定：“建立劳动关系，应当订立书面劳动合同。已建立劳动关系，未同时订立书面劳动合同的，应当自用工之日起、一个月内订立书面劳动合同。”法律规定用人单位与劳动者“应当签订书面劳动合同，”不是可签可不签，同时又要求“应当”自用工之日起一个月内订立，对时间上也做出了限定，期限不允许双方自行约定。之所以会如此规定，是基于对广大劳动者合法权益的保护。在《劳动合同法》实施以前，我国书面劳动合同签订率普遍较低，当用人单位侵犯劳动者的合法权益时，劳动者在没有书面劳动合同又要证明与用人单位存在劳动关系方面困难重重，致使劳动者的合法权益经常受到损害，鉴于此，《劳动合同法》对用人单位提出了强制签订书面劳动合同的要求，用人单位无论是故意或是因内部管理上的疏忽，只要是违反了上述法定义务，那么要承担每月支付双倍工资的法定责任，迫使用人单位将签订书面劳动合同作为一项长期的制度贯彻执行下去。

No.176 因劳动者的原因而未与用人单位签订书面劳动合同的，将承担哪些法律后果？

在《劳动合同法》实施之后，很多用人单位通常希望与劳动者签订书面劳动合同，但是在实践中，往往也会因劳动者自身的原因而未签订劳动合同，导致客观上用人单位未与劳动者订立书面劳动合同的结果，在此种情况下，若用人单位未在用工之日起一个月内与劳动者签订书面劳动合同，劳动者申请仲裁要求每月支付二倍工资，对用人单位而言，仍应承担赔偿责任。

《劳动合同法实施条例》第6条第1款规定："用人单位自用工之日起超过一个月不满一年未与劳动者订立书面劳动合同的，应当依照劳动合同法第82条的规定向劳动者每月支付两倍的工资，并与劳动者补订书面劳动合同；劳动者不与用人单位订立书面劳动合同的，用人单位应当书面通知劳动者终止劳动关系，并依照劳动合同法第47条的规定支付经济补偿金。"所以，当劳动者与用人单位因未签订劳动合同而产生争议时，用人单位即使拿出劳动者拒绝签订劳动合同的证据，也需要承担每月支付双倍工资的法定责任。这归根结底还是因为法律已经明确将签订书面劳动合同作为用人单位的法定义务，既不可以由用人单位单方面做变通规定，又不可以由劳动者与用人单位通过意思自治重新约定，其立法目的仍然是为了防止用人单位依其强势地位侵犯劳动者的合法权益。

No.177 因未签订书面劳动合同，劳动者与用人单位产生争议之后解决争议一般经过几个阶段？

1. 协商或调解阶段

面对劳动者提出的索赔要求，用人单位应当以整体利益为重，通过协商及调解更加有利于用人单位及时解决纠纷，尽量了解员工手中掌握的证据、员工心理、主张要赔偿的数额等情

况，权衡得失，达成协商或调解协议。同时，应尽早与劳动者补签劳动合同。

2. 劳动仲裁阶段

争议纠纷进入仲裁程序之后，用人单位应当从事实和法律角度对劳动者提出的诉求提出抗辩，例如，对方请求是否已经超过法定的仲裁时效；对方请求的双倍工资计算基数错误，数额要求过高；未签订劳动合同是劳动者个人原因造成，单位已经尽到了通知义务等等，上述理由都可能一定程度上对抗劳动者的仲裁请求，以便在法定范围内确定用人单位承担赔偿责任的范围，获得一个合情合理合法的裁决结果。

No.178 加班费的含义及用人单位不支付加班费的法律后果是什么？

加班费是指劳动者按照用人单位的实际需要在规定工作时间之外继续生产劳动或者工作获得的劳动报酬。劳动者加班延长了工作时间，增加了额外工作量，应当得到延长工作时间后的合理报酬。

《劳动合同法》第八十五条规定：用人单位有下列情形之一的，由劳动行政部门责令限期支付劳动报酬、加班费或者经济补偿；劳动报酬低于当地最低工资标准的，应当支付其差额部分；逾期不支付的，责令用人单位按应付金额百分之五十以上百分之一百以下的标准向劳动者加付赔偿金：①未按照劳动合同的约定或者国家规定及时足额支付劳动者劳动报酬的；②低于当地最低工资标准支付劳动者工资的；③安排加班不支付加班费的；④解除或者终止劳动合同，未依照本法规定向劳动者支付经济补偿的。

No.179 适用年薪制的企业，也应按月向劳动者支付工资吗？

年薪制是以年度为单位，依据企业的生产经营规模和经营业绩，确定并支付劳动者薪金的分配方式。年薪制作为一种收入分配制度有许多优点，例如可以充分调动劳动者的工作积极性，使劳动者的收入与企业发展紧密结合在一起，可以增强企业的凝聚力和向心力，可以更好地保留人才，对企业的长远发展意义重大。根据《劳动合同法》工资应当以货币形式按月支付给劳动者本人，不得克扣或者无故拖欠劳动者的工资的规定，用人单位可以与高管、重要技术人员约定工资支付形式为年薪制，但仍应按月向劳动者结算工资，具体金额可由双方在劳动合同中明确约定，但标准不得低于适时最低工资标准，年度工资结算时，用人单位应补足差额部分。

No.180 提成工资制如何具体操作？

提成工资制作为一种激励制度，在制定和实施过程中应当严格依照法律的规定，可以从以下三个方面来具体操作：

1. 确定适当的提成指标。提成指标应当是合理且可以量化的，以便以此作为核发劳动者工资的依据。

2. 确定恰当的提成形式。主要确定采取全额提成形式还是超额提成形式。全额提成即职工全部工资都随营业额浮动，而不再有基本工资；超额提成即保留基本工资并相应规定需完成的营业额，超额完成的部分再按一定的比例提取工资。从实行提成工资的层次上划分，有个人提成和集体提成，用人单位应当依照自身的具体情况，选择确定属于自身的提成方式。但应注意，无论哪种形式，劳动者每月实际收入不得低于当地最低工资标准。

3. 确定合理的提成比例。目前有固定提成比例和分档累进或累退两种比例方式，用人单位可以根据劳动者的工作量具体细化不同档次的提成比例。

No.181 无效劳动合同如何支付工资？

无效的劳动合同，是指当事人所订立的劳动合同不符合法律、法规规定，或缺少有效要件，导致全部或部分不具有法律效力的劳动合同。无效的劳动合同自始无效，其不能发生合同双方预期的法律后果，用人单位与劳动者均可以申请劳动仲裁确认合同无效，对造成合同无效的责任方应当承担相应的法律责任。

劳动报酬请求权是劳动者基于有效的劳动合同拥有的一项

权利，也是不得剥夺的权利。当用人单位拖欠劳动者劳动报酬时，劳动者不但可以要求用人单位足额支付并且可以要求给付赔偿金，另外，行政执法部门对于拖欠劳动报酬的用人单位有权给予行政处罚，全面保障劳动者报酬请求权。当劳动合同为有效合同，劳动者可以直接依据合同约定要求用人单位支付劳动报酬，那么，当劳动合同被司法部门认定无效时，劳动者已经提供了劳动的，是否可以要求用人单位支付报酬呢？答案是肯定的，劳动合同被确认无效，劳动者已付出劳动的，可以要求用人单位支付劳动报酬，劳动报酬的数额，参照用人单位相同或者相近岗位劳动者的劳动报酬确定，该劳动报酬请求权是基于法律规定产生的，法律如此规定的立法目的也是为了最大限度维护劳动者的合法权益，防止用人单位利用强势地位侵害劳动者利益。

No.182 企业未按规定为劳动者缴纳社会保险的后果有哪些？

全国大部分地方的劳动仲裁及法院不受理补缴养老保险纠纷。虽然相关法律规定劳动者可以通过劳动仲裁、民事诉讼方式维护社会保险相关权利，但是在劳动仲裁和司法实践中，鉴于用人单位未依法给劳动者缴纳社会保险费，无论通过何种法律程序处理，最终都必须要由社保机构核定基数，接受补缴，仲裁机构和司法机关无法直接确定缴费基数、补缴数额等各种因素，因而对此类争议基本上都不予受理。

《最高人民法院关于审理劳动争议案件适用法律若干问题的解释（三）》第1条明确限定法院受理此类争议的范围为“劳动者以用人单位未为其办理社会保险手续，且社会保险经办机构不能补办导致其无法享受社会保险待遇为由，要求用人单位赔偿损失而发生争议的，人民法院应予受理。”

以北京市为例，北京市有关内部规定用人单位未为劳动者建立社会保险关系、欠缴社会保险费或未按规定的工资基数足额缴纳社会保险费的，劳动者主张予以补缴的，一般不予受理，告知劳动者通过劳动行政部门解决。因此，建议通过劳动保障监察或社会保险稽核处理此问题，在多数情况下，行政程序也比较快捷。如果对劳动保障监察或社会保险稽核处理不满意，可以通过行政复议和行政诉讼寻求司法救济。但是，依据《农民合同制职工参加北京市养老、失业保险暂行办法》，北京市劳动仲裁及法院对户口性质为农村的劳动者提起的关于未缴社会保险而要求支付养老保险赔偿金的仲裁申请予以受理。目前，各地关于未为劳动者数纳社会保险的用人单位如何通过补缴的方式缴纳2011年7月1日以后的养老保险的具体实施方案仍在筹备过程中，劳动者正期待着劳动行政部门尽快出台相关政策。

用人单位若没有依法为劳动者缴纳社会保险将面临以下几个用工风险：

第一，劳动者可能随时以此为由，提出解除劳动合同，用人单位将因未为劳动者缴纳社会保险支付经济补偿金。

第二，医疗保险待遇的损失赔偿风险。

第三，工伤保险待遇的损失赔偿风险。

第四，生育保险待遇的损失赔偿风险。

No.183 以低于实际工资为基数为员工缴纳社会保险的后果？

员工的缴费工资应为上年度申报个人所得税的工资、薪金税项的月平均额。

企业应为员工参加社会保险，而缴费基数应为员工个人的上年度月平均工资，且不得低于当地上年度职工平均工资的60%。根据税法据实报税原则，员工月平均工资额应为社保个人所得税的工资薪金税项即指个人因任职或受雇而取得的工资、薪金、奖金、年终加薪、劳动分红、津贴、补贴以及与任职或者受雇有关的其他所得（不扣除住房公积金、养老保险金、失业保险金和医疗保险金）。公司未按员工实际工资参保，应予补缴或赔偿损失。

No.184 用人单位未依法缴纳社会保险，劳动者以此辞职，用人单位应否支付经济补偿？

《劳动合同法》第38条第1款第3项规定，用人单位未依法为劳动者缴纳社会保险费的，劳动者可以解除劳动合同。《劳动合同法》第46条规定，劳动者依据第38条的规定解除劳动合同的，用人单位应向劳动者支付经济补偿金。

《社会保险法》明确规定，用人单位应依法为劳动者缴纳社会保险，险种包括：基本养老保险、基本医疗保险、工伤保险、

生育保险及失业保险。其中，基本养老保险、基本医疗保险、失业保险费用由劳动者、用人单位共同承担，而工伤保险、生育保险费用只由用人单位承担。

关于“未依法缴纳社会保险费”在实践中存在以下几种情况：①自始至终未缴纳任何社会保险；②开始缴纳社会保险的时间晚于入职时间；③缴纳社会保险的险种不全；④缴纳社会保险的基数低于劳动者实际工资标准等。但现行法律中并未明确规定哪种情形属于《劳动合同法》中所规定的“未依法为劳动者缴纳社会保险费用”。实践中，用人单位欠缴社保费用、未按规定足额缴纳社保费用等情况，仲裁委一般不予受理，劳动者可向相关行政部门提出申请，要求用人单位补缴。若用人单位未为劳动者缴纳任何社会保险，此情况完全符合法律中所规定的“未依法为劳动者缴纳社会保险”，劳动者以此为由提出解除劳动合同，用人单位应支付经济补偿金。

一些用人单位为了节约用人成本，不缴或少缴社会保险，此做法虽解决了一时的问题，但存在各种隐患，争议一旦发生非但不会减少成本，反而是增加了用人成本。

No.185 劳务派遣企业、用工企业、劳动者三者的法律关系？

劳动合同用工是我国的企业基本用工形式。劳务派遣用工是补充形式，只能在临时性、辅助性或者替代性的工作岗位上实施。

临时性工作岗位是指存续时间不超过六个月的岗位；辅助性工作岗位是指为主营业务岗位提供服务的非主营业务岗位；而替代性工作岗位是指用工单位的劳动者因脱产学习、休假等原因无法工作的一定期间内，可以由其他劳动者替代工作的岗位。

劳务派遣用工形式因存在劳动者、派遣单位、实际用工单位三方而使其不同于普通劳动合同关系。劳动者与派遣单位即用人单位存在劳动关系，而派遣单位与用工单位基于劳务派遣合同形成普通民事合同关系。劳动者与用人单位是实际用工关系。

No.186 劳务派遣合同的性质是什么？

用人单位即派遣单位与用工单位，应签订劳务派遣合同，双方关系由《合同法》调整。派遣单位与劳动者应依据法律规定签订书面劳动合同，双方关系由《劳动合同法》调整。依据《劳动合同法》第 58 条规定，劳务派遣中的劳动合同除应当载明第 17 条规定的事项外，还应当载明被派遣劳动者的用工单位及派遣期限、工作岗位等情况。

因此，用工单位与派遣单位建立劳务派遣关系时，应签订书面劳务派遣协议。用工单位仅能在临时性、辅助性、替代性的工作岗位上聘用派遣劳动者，用工单位要和有资质的派遣单位签订书面的劳务派遣协议，并且要明确合同期限，双方的权利义务，以及法律责任等问题。

No.187 劳务派遣中劳动者的工资、社会保险问题如何解决?

派遣单位作为劳务派遣中的用人单位，系劳动法律关系的主体，应按时、足额向劳动者支付工资，并为劳动者缴纳社会保险。

用工单位在劳务派遣关系履行当中，应告知被派遣劳动者工作要求和工作内容，实行“同工同酬”并提供与工作岗位相关的福利待遇；连续用工的，实行正常的工资调整机制。

No.188 哪些情况下劳动者可以与派遣单位解除劳动合同?

下列情况下，劳动者可以与派遣单位解除劳动合同：

1. 用人单位与劳动者协商一致，可以解除劳动合同；

2. 未按照劳动合同约定提供劳动保护，或者劳动条件的；

3. 未及时足额支付劳动报酬的；

4. 未依法为劳动者缴纳社会保险的；

5. 用人单位的规章制度违反法律法规的规定，损害劳动者权益的；

6. 以欺诈胁迫的手段或者乘人之危，使劳动者在违背真实意思的情况下订立或者变更劳动合同，致使劳动合同无效的；

7. 用人单位以暴力、威胁或者非法限制人身自由的手段强迫劳动者劳动的，或者用人单位违章指挥、强令冒险作业危及劳动者人身安全的，劳动者可以立即解除劳动合同，不需要事先告知用人单位。

No.189 哪些情况下将劳动者退回派遣单位，派遣单位可以与劳动者解除劳动合同？

存在下列情形的，用工单位可以将劳动者退回派遣单位，派遣单位可以与劳动者解除劳动合同：

1．在试用期被证明不符合录用条件的；

2．严重违反用人单位的规章制度的；

3．严重失职，营私舞弊，给用人单位造成重大损害的；

4．劳动者同时与其他用人单位建立劳动关系，对完成本单位的工作任务造成严重影响，或者经用人单位提出，拒不改正的；

5．以欺诈、胁迫的手段或者乘人之危，使对方在违背真实意思的情况下订立或者变更劳动合同，致使劳动合同无效的；

6．被依法追究刑事责任的；

7．劳动者患病或者非因工负伤，在规定的医疗期满后不能从事原工作，也不能从事由用人单位另行安排的工作的；

8．劳动者不能胜任工作，经过培训或者调整工作岗位，仍不能胜任工作的；

9．劳动合同订立时所依据的客观情况发生重大变化，致使劳动合同无法履行，经用人单位与劳动者协商，未能就变更劳动合同内容达成协议的。

No.190 劳务派遣中用工单位是否有权与劳动者解除劳动关系？

在劳务派遣中，真正构成劳动关系的主体是劳动者与派遣单位。在实践中，常有用工单位因劳动者违反管理制度，直接通知其解除劳动关系，此做法是不当的。因用工单位作为用工方，并非劳动关系主体，其无权对劳动者的劳动关系作出处理，故遇此情形时可将劳动者退回派遣单位。若派遣单位以此为由，欲与劳动者解除劳动关系，需调查劳动者被退回的理由是否成立，若理由成立，可依法与劳动者解除劳动关系。

No.191 劳务派遣中的赔偿责任主体如何认定？

用工单位和派遣单位对造成劳动者损害要承担相互连带赔偿责任，即指劳务派遣公司或用工单位都应当独立对派遣劳动者承担所有的赔偿责任，无论是由哪方导致劳动者受损害，即使被派遣劳动者只起诉一方，依据《最高人民法院关于审理劳动争议适用法律若干问题的解释（二）》第 10 条规定：劳动者因履行劳动派遣合同产生劳动争议而起诉，以派遣单位为被告，争议内容涉及接受单位的，以派遣单位和接受单位为共同被告。在劳动派遣争议中，法院是有权利直接追加另一方为被告的。

依据《劳动合同法》第 92 条第 2 款规定，劳务派遣单位、用工单位违反有关劳务派遣规定的，用工单位给被派遣劳动者造成损害的，劳务派遣单位与用工单位承担连带赔偿责任。《劳动合同法》关于劳务派遣的规定，对那些借劳务派遣逃避责任的用工单位敲响了警钟，又提醒用工单位对劳务派遣单位进行监督，严格按《劳动合同法》的相关规定，为职工缴纳社会保险、支付工资福利待遇等。

No.192 非全日制用工和全日制用工有哪些区别？

第一，从事非全日制用工的劳动者可以与一个或者一个以上用工单位订立劳动合同，但是，后订立的劳动合同不得影响先订立劳动合同的履行。而全日制用工只能与一个用工单位订立劳动合同。

第二，非全日制用工双方当事人可以订立口头协议。而全日制用工的，应当订立书面劳动合同。

第三，非全日制用工双方不得约定试用期。而全日制用工的，除以完成一定工作任务为期限的劳动合同和三个月以下固定期限劳动合同外，其他劳动合同可以依法约定试用期。

第四，非全日制用工双方当事人任何一方都可以随时通知对方终止用工，用人单位不向劳动者支付经济补偿。全日制用工的，双方当事人应当依法解除或者终止劳动合同，在出现法定情形时，用人单位应当依法支付经济补偿金。

第五，非全日制用工劳动报酬不得低于用人单位所在地人民政府规定的最低小时工资标准。而全日制用工劳动者执行的是月最低工资标准。

实践中，一些地方根据非全日制用工形式灵活，劳动关系多元化，主要按小时计酬等特点，制定并实施了与之相适应的小时工资标准来保障非全日制劳动者的收入。

第六，非全日制用工劳动报酬结算周期最长不得超过十五日。而全日制用工的，工资应当至少每月支付一次。

用人单位应当妥善保存未签订书面劳动合同的非全日制工的出勤记录、工资支付凭证等文件。用人单位应当严格遵守《劳动合同法》对非全日制工的工作时间及工资支付周期的限定，在管理上严格区分于全日制用工。

No.193 非全日制劳动者发生工伤可以享受工伤待遇吗？

非全日制用工与全日制用工两者在社会保险上存在区别，全日制用工中社会保险金实行用人单位和劳动者共同承担；而在非全日制用工中，由于可能存在一个以上的用工单位，故国家对非全日制用工的社会保险执行特殊规定。依据劳动和社会保障部《关于非全日制用工若干问题的意见》的规定，从事非全日制工作的劳动者原则上参照个体工商户的参保办法应当参加基本养老保险，可以以个人身份参加医疗保险，单位只负责缴纳工伤保险。

1. 用人单位应当与非全日制劳动者签订劳动合同

尽管《劳动合同法》规定非全日制用工可以订立口头协议，

但为了明确双方的权利义务，避免用工性质产生争议，很有必要签订书面劳动合同。

2. 用人单位应当依法为非全日制劳动者缴纳工伤保险

非全日制劳动者可能有多家用工单位，每一用工单位不因其他单位为其缴纳工伤保险而免于承担缴纳义务。

No.194 非全日制用工是否存在试用期?

关于非全日制用工是否存在试用期的问题，依据《劳动合同法》第 70 条规定：非全日制用工双方当事人不得约定试用期。非全日制用工属于灵活用工形式，劳动关系的不确定性比全日制用工要强，而且非全日制劳动者的收入也往往低于全日制职工，所以法律规定不得约定用期。

No.195 非全日制用工可以享受婚假、产假、医疗期等待遇吗?

《劳动合同法》首次以法律的形式确认了非全日制用工为合法的用工形式。非全日制用工形式得到法律的认可，因此非全日制用工形成的劳动关系就成为合法的劳动关系，从事非全日制工作的劳动者具有合法的地位，依法享有劳动权益，包括取得不低于用人单位所在地人民政府规定的最低小时工资标准的工资、结算工资的周期以及《劳动法》中有关劳动权益的规定，如劳动保护等，这里当然包括享受婚假、产假、医疗期等。

由于非全日制用工形式可以订立口头协议，可以随时终止用工，即使工作中劳动者遇到婚假、产假等假期，因用人单位有权随时终止劳动关系，劳动者实际上在享受上述假期时存在一定的困难。

此外，非全日制用工的工期较短，工作任务往往是阶段性的，如果在这期间劳动者长时间休假，会中断工作，可能会影响工作的进度，给用人单位带来一定的影响。

No.196 非全日制用工如何工资发放？

非全日制用工，是指以小时计酬为主，且劳动者在同一用人单位一般平均每日工作时间不超过四小时，每周工作时间累计不超过二十四小时；全日制用工则是劳动者每日工作时间不超过八小时、平均每周工作时间不超过四十四小时。近年来，随着市场经济的不断发展，以小时工为主要形式的非全日制用工发展迅速，越来越多的企业根据生产经管的需要，采用包括非全日制用工在内的一些灵活用工形式。《劳动合同法》实施后从法律层面上对非全日制用工作出了与全日制用工不同的规定，主要体现在以下几方面：

1. 关于工时。非全日制用工，在同一用人单位一般平均每天工作时间不超 4 四小时，每周工作时间累计不超过 24 小时。全日制用工则是劳动者每天工作时间不超过 8 小时、平均每周工作时间不超过 44 小时的工时。

2. 关于订立劳动关系的形式。非全日制用工双方当事人可以用口头方式订劳动关系。全日制用工的，则必须签订书面劳动合同。

3. 关于试用期。非全日制用工双方当事人不得约定试用期；而全日制用工的，除以完成一定工作任务为期限的劳动合同和三个月以下固定期限劳动合同外，其他劳动合同都可以依法约定试用期。

4. 关于工资支付周期。非全日制用工用人单位支付劳动者工资周期最长不得超过十五日；全日制用工工资支付周期一般是一个月。

No.197 劳动人事争议仲裁委员会是否应当受理事实劳动关系人事争议？

《关于贯彻执行 < 中华人民共和国劳动法 > 若干问题的意见》第 82 条规定：“用人单位与劳动者发生劳动争议不论是否订立劳动合同，只要存在事实劳动关系，并符合劳动法的适用范围和《中华人民共和国企业劳动争议处理条例》的受案范围，劳动争议仲裁委员会均应受理。”

按照《劳动争议调解仲裁法》第 2 条的规定，事实劳动关系当事人之间发生的劳动争议属于《劳动争议调解仲裁法》的受案范围，劳动人事争议仲裁委员会应予受理。

No.198 发生劳动争议时，关于仲裁时效应该注意的问题？

时效是指一定的事实状态持续存在一定时间后即发生一定法律后果的法律制度。仲裁时效具体来说就是指权利人于一定期间内不行使请求劳动争议仲裁机构保护其民事权利的请求权，就丧失该请求权的法律制度。

《中华人民共和国劳动争议调解仲裁法》第二十七条规定：劳动争议申请仲裁的时效期间为一年。仲裁时效期间从当事人知道或者应当知道其权利被侵害之日起计算。前款规定的仲裁时效，因当事人一方向对方当事人主张权利，或者向有关部门请求权利救济，或者对方当事人同意履行义务而中断。从中断时起，仲裁时效期间重新计算。因不可抗力或者有其他正当理由，当事人不能在本条第一款规定的仲裁时效期间申请仲裁的，仲裁时效中止。从中止时效的原因消除之日起，仲裁时效期间继续计算。劳动关系存续期间因拖欠劳动报酬发生争议的，劳动者申请仲裁不受本条第一款规定的仲裁时效期间的限制；但是，劳动关系终止的，应当自劳动关系终止之日起一年内提出。

No.199 发生劳动争议，劳动者应该去哪里的劳动仲裁委员会申请劳动仲裁？

劳动争议仲裁管辖，是指确定各个劳动争议仲裁委员会审理劳动争议案件的分工和权限，明确当事人应当到哪一个劳动争议仲裁委员会申请劳动争议仲裁，由哪一个劳动争议仲裁委员会受理的法律制度。《中华人民共和国劳动争议调解仲裁法》第二十一条规定，劳动争议仲裁委员会负责管辖本区域内发生的劳动争议。劳动争议由劳动合同履行地或者用人单位所在地的劳动争议仲裁委员会管辖。双方当事人分别向劳动合同履行地和用人单位所在地的劳动争议仲裁委员会申请仲裁的，由劳动合同履行地的劳动争议仲裁委员会管辖。这就是说，只要发生争议的当事人一方的用人单位所在地或者发生争议的当事人之间的劳动合同的履行地是在一个劳动争议仲裁委员会的管辖范围内，则该劳动争议仲裁委员会为有管辖权的劳动争议仲裁委员会。发生劳动争议的当事人必须到有管辖权的劳动争议仲裁委员会去申请仲裁。这里的用人单位所在地一般是指用人单位的注册地，用人单位的注册地与经常营业地不一致的，用人单位所在地指用人单位经常营业地。实践中，大多数情况下，劳动合同的履行地即为用人单位所在地，二者是重合的。

No.200 哪些争议可以适用劳动仲裁？

《劳动争议调解仲裁法》第二条对劳动仲裁的适用范围作了规定，即发生在中华人民共和国境内的用人单位与劳动者发生的下列六类劳动争议，适用《劳动争议调解仲裁法》：

1. 因确认劳动关系发生的争议；

2. 因订立、履行、变更、解除和终止劳动合同发生的争议；

3. 因除名、辞退和辞职、离职发生的争议；

4. 因工作时间、休息休假、社会保险、福利、培训以及劳动保护发生的争议；

5. 因劳动报酬、工伤医疗费、经济补偿或者赔偿金等发生的争议；

6. 法律、法规规定的其他劳动争议。